A PRATELEIRA DO AMOR

SOBRE **MULHERES, HOMENS** E **RELAÇÕES**

Editora Appris Ltda.
1.ª Edição - Copyright© 2022 da autora
Direitos de Edição Reservados à Editora Appris Ltda.

Nenhuma parte desta obra poderá ser utilizada indevidamente, sem estar de acordo com a Lei nº 9.610/98. Se incorreções forem encontradas, serão de exclusiva responsabilidade de seus organizadores. Foi realizado o Depósito Legal na Fundação Biblioteca Nacional, de acordo com as Leis nºs 10.994, de 14/12/2004, e 12.192, de 14/01/2010.

Catalogação na Fonte
Elaborado por: Josefina A. S. Guedes
Bibliotecária CRB 9/870

Z28p
2022
	Zanello, Valeska
	    Prateleira do amor : sobre mulheres, homens e relações / Valeska Zanello.
	1. ed. - Curitiba : Appris, 2022.
	144 p. ; 16 cm.
	
	Inclui referências.
	ISBN 978-65-250-3372-3
	
	1. Mulheres. 2. Homens. 3. Saúde mental. 3. Letramento. I. Título.
	
	                                                          CDD - 158.24

Livro de acordo com a normalização técnica da ABNT

Editora e Livraria Appris Ltda.
Av. Manoel Ribas, 2265 – Mercês
Curitiba/PR – CEP: 80810-002
Tel. (41) 3156 - 4731
www.editoraappris.com.br

Printed in Brazil
Impresso no Brasil

VALESKA ZANELLO

A PRATELEIRA DO AMOR
SOBRE **MULHERES, HOMENS** E **RELAÇÕES**

Baseado no livro "Saúde Mental, gênero e dispositivos"
(Zanello, 2018)

FICHA TÉCNICA

EDITORIAL
Augusto V. de A. Coelho
Marli Caetano
Sara C. de Andrade Coelho

COMITÊ EDITORIAL
Andréa Barbosa Gouveia (UFPR)
Jacques de Lima Ferreira (UP)
Marilda Aparecida Behrens (PUCPR)
Ana El Achkar (UNIVERSO/RJ)
Conrado Moreira Mendes (PUC-MG)
Eliete Correia dos Santos (UEPB)
Fabiano Santos (UERJ/IESP)
Francinete Fernandes de Sousa (UEPB)
Francisco Carlos Duarte (PUCPR)
Francisco de Assis (Fiam-Faam, SP, Brasil)
Juliana Reichert Assunção Tonelli (UEL)
Maria Aparecida Barbosa (USP)
Maria Helena Zamora (PUC-Rio)
Maria Margarida de Andrade (Umack)
Roque Ismael da Costa Güllich (UFFS)
Toni Reis (UFPR)
Valdomiro de Oliveira (UFPR)
Valério Brusamolin (IFPR)

SUPERVISOR DA PRODUÇÃO Renata Cristina Lopes Miccelli

ASSESSORIA EDITORIAL

REVISÃO

PRODUÇÃO EDITORIAL Bruno Ferreira Nascimento

PROJETO GRÁFICO Estúdio Calon

CAPA E DIAGRAMAÇÃO Bruno Ferreira Nascimento

ILUSTRAÇÕES Barbara Miranda

COMUNICAÇÃO
Carlos Eduardo Pereira
Karla Pipolo Olegário
Kananda Maria Costa Ferreira
Cristiane Santos Gomes

LANÇAMENTOS E EVENTOS Sara B. Santos Ribeiro Alves

LIVRARIAS
Estevão Misael
Mateus Mariano Bandeira

GERÊNCIA DE FINANÇAS Selma Maria Fernandes do Valle

Introdução

Este livro de bolso é um projeto antigo. Desde que escrevi *Saúde mental, gênero e dispositivos*, nutria o desejo de colocar em poucas páginas as ideias principais do livro. Isso por dois motivos: primeiro, para facilitar o acesso do maior número de pessoas ao conteúdo ali desenvolvido, sobretudo professores, educadores em geral, pais, profissionais da saúde (incluindo a saúde mental) e curiosos; segundo, para chegar sobretudo em mulheres que estão passando ou passaram por relações abusivas e violentas, de uma forma mais direta e clara.

O livro pretende ser também provocativo e promover uma das tarefas que considero mais importantes na literatura sobre o tema: o letramento de gênero. Como o(a) leitor(a) verá, as próprias emoções são tematizadas e compreendidas não simplesmente como fenômeno espontâneo, mas como conformadas por profundas aprendizagens sociais. Nesse sentido, proponho a categoria de diferentes dispositivos de gênero para homens e mulheres, dispositivos esses que se constituíram histórica e culturalmente em nosso país. Apesar de todas as críticas ao binarismo de gênero, é importante ressaltar que nossa cultura permanece profundamente binária e, por isso, considero ser essencial entender os efeitos desse binarismo sobre os processos de socialização, isto é, sobre comportamentos e emoções das pessoas.

Quem tiver interesse e tempo para se aprofundar no tema, inclusive na história da conformação cultural dos dispositivos, sugiro ler o próprio livro original *Saúde mental, gênero e dispositivos*. Por apresentar as ideias e discussões deste último de forma resumida, o presente livro se constitui como um material que pode ser facilmente adotado em cursos de graduação, mesmo aqueles cujo campo profissional se encontra mais distante da Psicologia.

A composição deste livro foi planejada de forma a deixá-lo o mais didático possível, usando, também, as tecnologias hoje disponíveis. Nesse sentido, o(a) leitor(a) encontrará, além do texto, várias indicações para que assista vídeos no YouTube e leia artigos, de modo a aprofundar os tópicos abordados. Não os assistir não coloca em risco a compreensão dos temas; por outro lado, assisti-los, além de ajudar a fixação da aprendizagem, abrirá outras reflexões, decorrentes do conteúdo apresentado. Ao final de cada parte do livro, há um quadro sintetizador das principais ideias abordadas. Além disso, foram criadas ilustrações com exemplos cotidianos sobre os conceitos em questão.

Por fim, gostaria de agradecer a leitura de pessoas queridas que se debruçaram sobre o texto, fazendo apontamentos e sugestões que só enriqueceram o material: Iara Flor Richwin, Milton Leone Filho, Felipe de Baére e Thayse Rios. Meu muito obrigada a vocês!

Sumário

Raízes culturais do machismo:
o papel da cultura na formação de gênero — 11

Mulheres e dispositivos amoroso e materno — 59

Homens e dispositivo da eficácia — 87

Cultura da objetificação (sexual), violências contra as mulheres e dispositivos de gênero — 111

Referências — 137

Raízes culturais do machismo:

O papel da cultura na formação de gênero[1]

---

[1] Este livreto se baseou em capítulo previamente publicado no livro "Maria da Penha vai à Escola", organizado pelo TJDFT, em 2017 (Zanello, 2017). O texto foi revisado, modificado e bastante ampliado.

O ser humano é marcado por uma especificidade em relação aos demais animais: nasce com uma abertura a ser, é definido pela ideia do tornar-se. No reino animal não humano prevalece o domínio do instinto. O instinto é algo inscrito em uma carga genética que torna semelhante todos os indivíduos de uma mesma espécie. Sua finalidade é circunscrita à sobrevivência pessoal, da prole ou do grupo. No caso do ser humano, o instinto é logo subvertido por aquilo que a psicanálise denomina de "pulsão"[2]. Este é um conceito criado por Freud para dar conta de ultrapassar a biologia e compreender a constituição humana no seio da cultura e por meio dela (FREUD, 1905, 1915).

---

[2] Segundo Laplanche e Pontalis (1992), trata-se de pressão ou força "que faz o organismo tender para um objetivo" (p. 394). A pulsão tem como fonte o corpo, mas o objeto de investimento é variável, indo desde o corpo próprio às mais diversificadas realizações humanas.

Dizer que o ser humano é o único ser "em aberto" implica em apontar que, quando ele nasce, não sabemos de forma alguma o que irá tornar-se. E mesmo para se tornar humano — com seus milhares de destinos possíveis — é necessário que seja introduzido na cultura por Outro humano, detentor e representante da cultura, por meio da linguagem. Isso implica em dizer que, no reino animal, o destino é definido, em grande parte, pelos instintos. No caso do animal humano, é necessário que outro humano o humanize[3].

---

[3] Aos leitores que queiram se aprofundar nesta questão, indico a ampla bibliografia, disponível em português, escrita por Vygotsky.

IMAGEM 1: Cartaz do filme *O garoto selvagem*, de François Truffaut.
FONTE: François Truffaut (1970)

Baseado em um caso real (fim do século XVIII e início do XIX), em *O garoto selvagem*, temos a história de um menino abandonado em uma floresta e criado por lobos (caricaturado em Mogli), sem linguagem simbólica até ser encontrado e levado a Paris. Esse caso rendeu profundas e complexas discussões na Psicologia e contou com contribuições importantes de autores como Wallon, Lacan, dentre outros, sobre a necessidade e a participação da cultura na constituição humana.

Peguemos como exemplo uma barata. Uma barata já nasce sabendo ser barata. Mesmo que se separe um indivíduo, logo após a eclosão da ooteca (bolsa de onde a barata nasce), seus instintos são suficientes para que seja barata e tenha chance de sobreviver no mundo. No caso do bebê humano, temos, em primeiro lugar, uma prematuridade orgânica específica ao nascer, o que o torna profundamente dependente, por muitos meses, de alguém que cuide dele e de suas necessidades. Em segundo lugar, é necessário que seja introduzido na cultura por alguém que se faça dela portador. É esse processo que garante a humanização do bebê da espécie humana. Apesar de nascer com um potencial para tanto (GEERTZ, 2008), é na relação com a cultura e com outros humanos que esse potencial se atualiza. Podemos, então, dizer, juntamente com Aristóteles, em A *política* (2007), que o homem é o animal que tem Logos (*zôomlogikón*), que compreende; é o animal que fala por meio de uma linguagem simbólica[4].

---

[4] Falar por meio de uma linguagem simbólica implica na capacidade de representar o ausente mediante signos arbitrários e não necessariamente a linguagem falada pela boca. Vygotsky (1997) realizou ampla pesquisa sobre isso, a qual está descrita em seus *Fundamentos de Defectologia*.

No grupo de imagens a seguir, podemos ver a diferença entre uma barata, tomada como exemplo, para demonstrar um destino definido em grande medida pelos instintos, e sua comparação com a abertura do se tornar humano. Nesse "se tornar", a cultura exerce papel fundamental, bem como os aspectos locais e específicos (sociais e individuais, com maior ou menor peso, a depender da própria cultura). Em suma, uma barata nasce barata e morre barata. Em relação ao bebê humano, não se sabe o que ele poderá se tornar. Dentre os exemplos aqui dados, encontram-se uma jogadora de futebol, um fotógrafo, uma mulher agrônoma, uma mulher estilista, uma cantora de PopRock, um cientista, uma juíza.

Nesse caminho do tornar-se humano, encontramos aspectos culturais comuns à sociedade na qual vários indivíduos convivem[5]. Esses aspectos medeiam e constituem as subjetividades, o tornar-se daqueles sujeitos, naquele momento histórico.

O gênero — ou as relações de gênero, como seria mais correto nomear — é um dos pontos estruturantes mais importantes nas culturas ocidentais. No entanto, essa palavra tem sido mal compreendida e mesmo usada de forma deturpada por detratores que buscam invalidar estudos que têm se consolidado, pelo menos, nos últimos 60 anos.

IMAGEM 2: Comparação entre o destino da barata, fechado pelo instinto e a abertura/variabilidade do se tornar humano

FONTE: imagens retiradas de iStock

---

[5] É necessário não pensar a sociedade como um todo metafísico, mas como algo vivo e cheio de realidades e particularidades locais.

Primeiramente, é necessário distinguir uma palavra daquilo que ela representa ou significa, pois uma mesma palavra pode ter sentidos diferentes em uma mesma época, dependendo do uso, ou em diferentes momentos (WITTGENSTEIN, 1991). Esse é o caso da palavra "gênero" e das suas ideias aglomeradas. Por isso, as palavras são equívocas (têm múltiplas vozes) e não unívocas, como gostaríamos.

UMA BREVE HISTÓRIA DO(S) FEMINISMO(S): AS TRÊS GRANDES ONDAS

Para entendermos a polissemia, os múltiplos sentidos e os significados mais constantes de "gênero", precisamos retomar (um)a história do(s) feminismo(s) e suas diferentes fases. A possibilidade de recontar história(s) é ampla e possui diversas perspectivas possíveis. O intuito deste livreto não é esgotar essas possibilidades, mas abrir uma delas, apresentando ao(à) leitor(a), pelo menos, uma apreensão da complexidade semântica do uso dessa palavra e, o mais importante, a abertura que ela pode trazer para a compreensão do processo de tornar-se "homem" e "mulher" em nossa cultura. Para tanto, vamos relacionar o uso e o sentido da palavra "gênero" à história do(s) feminismo(s).

De forma didática, pode-se dizer que o feminismo foi composto por três grandes ondas diferentes[6] (PISCITELLI, 2002, 2009). A primeira delas se deu no final do século XIX e começo do século XX, sobretudo por meio da luta das mulheres por direitos sociais até então a elas vedados. O exemplo clássico é a luta pelo direito de votar. Essas mulheres ficaram conhecidas como "sufragistas"[7]. Esse movimento foi composto, sobretudo, por mulheres brancas e de classe média que buscavam validar seu reconhecimento como cidadãs por parte do Estado (pelo voto), bem como obterem o direito ao estudo, à propriedade e ao trabalho. O lema das sufragistas não abarcava a totalidade de

---

[6] Hoje já se fala de uma quarta onda, aquela que envolve as redes sociais e o ciberativismo. Porém, para o propósito deste livro, deter-nos-emos apenas nas três primeiras.

[7] Indicamos assistir aos filmes *As sufragistas* e *She's beautiful when she's angry*.

interesses das diversas mulheres, nem mesmo aqueles que outros grupos poderiam considerar como prioritários (DAVIS, 2016). Como exemplo, podemos citar, em nosso país, as mulheres negras, recém-libertas da escravidão e que lutavam por condições dignas de sobrevivência e remuneração minimamente justas por seu trabalho, bem como acesso à alfabetização. No Brasil, as mulheres letradas (leia-se: brancas e de classe média) obtiveram o direito de votar em 1932, porém o exercício desse direito só ocorreu depois de um longo período histórico marcado por golpes de estado e pela ditadura militar. É somente com a redemocratização do Estado brasileiro, com a nova constituinte em 1988, que todas as mulheres tiveram acesso ao direito ao voto, incluindo aí iletradas, pobres e mesmo de outras etnias não brancas, como as mulheres indígenas.

IMAGEM 3: Cartaz do filme "As sufragistas", o qual discorre sobre a história da luta pelo direito ao voto na Inglaterra.

FONTE: Sarah Gavron (2015)

A segunda onda do feminismo ocorreu durante as décadas de 60/70 do século passado. Nessa época de grandes mudanças culturais, muitos dos papéis sociais anteriormente naturalizados para homens e mulheres passaram a ser questionados. A palavra "gênero" surgiu nesse momento, por meio das contribuições de John Money e de Robert Stoller, pesquisadores da área de saúde. A compreensão de "gênero" que passou a vigorar então foi aquela da teoria dos papéis sociais. Defende-se que há um aparato biológico inquestionavelmente diferenciado entre homens e mulheres. Ou seja, homens e mulheres seriam biologicamente distintos, sendo gênero uma construção social a partir dessas diferenças.

A diferença sexual seria assim algo dado, *a priori*, e sobre a qual a cultura moldaria comportamentos, crenças e hábitos. Nesse momento, ainda se mantinha uma representação singular de "homem" e de "mulher". Essas representações ligavam as mulheres às ideias de bondade, cuidado, maternidade, domesticidade, e, por outro lado, homens à ideia de trabalho, produtividade, embrutecimento, frieza emocional. Acreditava-se que os papéis de gênero seriam opostos e complementares. Além disso, supunha-se que anteriormente aos atos/papéis de gênero haveria um sujeito protagonista, ou seja, um sujeito anterior ao exercício desses papéis. As duras críticas a essa concepção levaram à terceira onda do feminismo. Essas críticas vieram, sobretudo, de um lado, de mulheres que não se viam representadas na representação de "mulher" (por exemplo, mulheres negras[8], latinas e lésbicas) e, de outro, homens que não se viam representados na representação de "homem" (tais como homens gays, negros e latinos).

A terceira onda do feminismo se deu a partir do final da década de 1980, com as contribuições da filósofa Judith Butler (2012). Uma das primeiras coisas que essa autora contestou foi a inquestionabilidade da

---

[8] A história de Sojourner Truth, uma mulher americana negra, nascida escravizada e libertada quando da lei da abolição nos Territórios do Norte dos Estados Unidos, em 1787, exemplifica esse questionamento e foi amplamente usada pelo movimento de mulheres negras. Eis sua famosa fala: e eu não sou uma mulher? "E não sou mulher? Olhem pra mim! Olhem pro meu braço! Tenho arado e plantado, e juntado em celeiros, e nenhum homem poderia me liderar! E não sou uma mulher? Posso trabalhar tanto quanto e comer tanto quanto um homem – quando consigo o que comer – e aguentar o chicote também! E não sou uma mulher? Dei à luz treze filhos, e vi a grande maioria ser vendida para a escravidão, e quando eu chorei com minha dor de mãe, ninguém, a não ser Jesus me ouviu! E não sou mulher?" (E NÃO SOU..., 2014, s/p).

diferença sexual, anatômica, biológica. Ou seja, uma de suas afirmações mais polêmicas é que a própria diferença sexual seria uma construção cultural, de gênero. Aqui, teremos que fazer uma digressão, pois, você, leitor(a), deve estar se questionando: "Como assim? Mas é claro que existem diferenças físicas!". Para entender, com profundidade, o que essa autora aponta é necessário explicitarmos outras ideias, para retomarmos mais adiante a discussão.

A primeira questão a ser pontuada diz respeito à relação entre nome e coisa. É importante ressaltar que esse é um debate antigo na história do pensamento ocidental e, apesar da contribuição de diversas perspectivas, há um consenso na ideia de que não temos acesso às coisas em si mesmas, pois elas sempre nos aparecem interpretadas pela linguagem[9]. Um exemplo simples: olhe agora para uma mesa que esteja perto de você. Em nossa cultura, esse objeto é compreendido por sua funcionalidade: ele serve como um anteparo, onde, ou ao redor do qual, você realiza suas refeições; pode colocar objetos; estudar etc. Mas há funções

---

[9] Ver Zambrano (1996) e Zanello (2004).

também para as quais ele não serve. Imagine que essa mesa pudesse ser lançada de um avião da FAB em plena floresta Amazônica e fosse encontrada no topo de uma árvore por uma comunidade sem contato com a cultura ocidental. Esse povo resolve nomear-lhe de "titi". Depositam "titi" em um lugar considerado sagrado, colocam-no em posição vertical, com os pés de lado, e todos os dias fazem um ritual a "titi", o qual foi tomado como um totem: cantam e oram para "titi". Dez anos depois, um antropólogo entra em contato com essa comunidade e faz uma etnografia. Poderia ele traduzir os cânticos a "titi" por cânticos à "mesa"? Nossa resposta é: não. Pois, por mais que "titi" e "mesa" tenham a mesma materialidade, não são o mesmo objeto. Ao falar, interpretamos as coisas e permitimos que elas venham a ser de uma determinada maneira ("como" algo)[10].

---

[10] Esse exemplo, bem estereotipado, remete ao filme *Eram os deuses astronautas?* e tem como intuito evidenciar como os objetos se apresentam sempre desde uma determinada abertura de mundo mediada pela interpretação da linguagem. A hipótese Sapir e Whorf (SAPIR, 1949; WHORF, 1995), que remonta a Humboldt (KOERNER, 1992), explorou bastante essa questão que até hoje rende bons debates entre antropólogos, linguistas, neurocientistas e psicólogos.

Você deve estar se perguntando: "Mas o que isso tem a ver com a questão de gênero?". Peço um pouco de paciência, pois esta digressão é importante.

O segundo ponto que precisamos considerar é a relação entre figura (foco) e fundo, presente em todo e qualquer ato perceptivo, o que foi vastamente explorado por uma corrente teórica de grande impacto na Psicologia, a *Gestalt*. A ideia aqui é que só podemos perceber um objeto porque elegemos um foco (e necessariamente um fundo) na percepção. Ao mudar o foco, a percepção também muda. A imagem abaixo ajuda a compreender esta ideia. Se fixar o foco de sua atenção na parte preta da figura, você terá a percepção de um vaso. Mas se fixar sua atenção na parte branca, sua percepção mudará e você verá dois rostos.

IMAGEM 4: Imagem conhecida como "Vaso de Rubin"
FONTE: Wikipédia, 2022

Levando em consideração esses dois pontos, podemos, então, apontar que, no campo dos estudos de gênero, contamos com um trabalho importante, dentro desta discussão sobre palavra, percepção e ideologia acerca das diferenças sexuais. Trata-se da obra *Inventando o sexo: corpo e gênero dos gregos a Freud*, de Thomas Laqueur (2001). Nesse livro, o autor faz um levantamento da semelhança/diferença das representações do aparelho reprodutor de homens e mulheres no decorrer do pensamento ocidental, por meio da interpretação de gravuras de livros de anatomia publicados em diferentes momentos históricos. Segundo ele, desde os gregos, a retratação dos aparelhos reprodutores de homens e mulheres teve como base sua semelhança, o que persistiu até o século XVIII. Aqui, é importante ressaltar a hegemonia do pensamento aristotélico, o qual vigorou e deu base a essa percepção.

Para Aristóteles (século IV a.C.), não haveria diferença essencial entre homens e mulheres, apenas de graus. Uma mulher seria, assim, um homem em falta, um homem que não se desenvolveu por completo. As mulheres teriam o mesmo órgão reprodutor dos homens, com a diferença apenas em sua posição no corpo (embutido, ao contrário dos homens, nos quais ele estaria exteriorizado). A explicação da diferença da posição do órgão sexual (mais interno ou externo) seria a maior presença ou a ausência do calor necessário durante a gestação. As imagens são convincentes! Melhor do que descrevê-las é poder compartilhá-las, como é o caso da seguinte ilustração abaixo, de um órgão reprodutor feminino, do século XVI. Percebe-se claramente o foco sobre a semelhança com o pênis masculino.

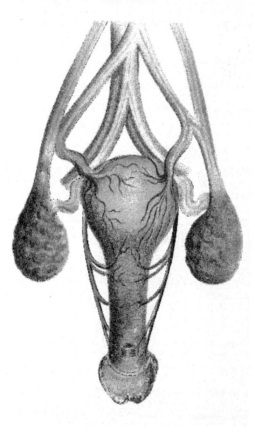

IMAGEM 5: Exemplo de retratação dos órgãos genitais femininos, por Georg Bartisch, em 1575

FONTE: Wikimedia Commons

Entretanto, Laqueur (2001) percebe que há uma grande mudança na forma de retratar o aparelho reprodutor de homens e mulheres a partir do século XVIII. Se antes o foco eram as semelhanças entre os corpos, passou-se a enfatizar as diferenças. Isso ilustrava uma modificação na percepção das pessoas no que tange às relações homem/mulher. Há uma mudança de *Gestalt* e as semelhanças passam para um segundo plano, para o fundo da percepção.

Antes que o(a) leitor(a) se apresse em responder, afirmando certa "evolução" ou desenvolvimento da ciência, Laqueur (2001) é taxativo: "A história da representação das diferenças anatômicas entre mulheres e homens é independente das verdadeiras estruturas destes órgãos [...]. A ideologia, não a exatidão da observação, determina como eles foram vistos e quais as diferenças importantes" (LAQUEUR, 2001, p. 111).

Segundo ele, tratava-se muito mais de dar conta das mudanças sociais que estavam em plena ebulição nesse momento. Como sabido, foi no século XVIII/XIX que ocorreu a consolidação do capitalismo (com a revolução industrial). Esse sistema trouxe profundas mudanças sociais para as sociedades ocidentais, mas, talvez, umas das principais tenha sido a ideia da possibilidade de mobilidade social. Ou seja, no início do século XV, nascer na Europa, em certa família, tinha um caráter quase de destino, daí a repetição de ofícios (ou a própria servidão) por várias gerações[11]. Havia uma separação social bem clara e delimitada. Porém, o advento crescente do capitalismo trouxe o sonho da possibilidade de mobilidade social para *todos*, e não para *todas*. O capitalismo trouxe também uma distinção, histórica e cultural, entre o âmbito público e privado. Como justificar que uma parte da população (feminina) não tivesse acesso a essa mobilidade? E, ainda, como justificar que essa mesma parte ficasse dedicada aos trabalhos do âmbito privado?

Como apontamos, foi por meio da afirmação da diferença física (colocada como foco) que as diferen-

---

[11] Muitos sobrenomes europeus remetem à profissão que era tipicamente exercida naquela família, sobretudo das classes não nobres: ferreiro, padeiro, agricultor, cobrador de pedágio etc. Baldin (2020, s/p) discute essa origem e aponta que "surgiram da necessidade de distinguir os grupos familiares. É herança de uma estrutura medieval, inserida na sociedade da época e que perdura até nossos dias. Os sobrenomes, em especial os italianos, no seu processo de formação e surgimento, se iniciam por volta do ano 1000 d.C. e perduram até o século IX, mas a totalidade surgiu entre os séculos X-XI (os primeiros) e os séculos XV-XVI (os últimos)".

ças sociais puderam ser "naturalizadas". Em outras palavras, certas diferenças físicas (diferenças sexuais) foram eleitas para justificar as desigualdades sociais. Às mulheres, pelo fato de terem útero e potencialmente serem mães, foi ligado o âmbito doméstico: elas seriam "naturalmente" cuidadoras de seus filhos, mas também da casa e de outras pessoas. Os homens foram ligados ao âmbito público, sendo considerado trabalho os ofícios que eles aí exercem, supostamente implicando "esforço" por parte deles, o que seria digno de reconhecimento e remuneração. O capitalismo se firmou em cima da divisão sexuada do trabalho e "naturalizou", invisibilizando, o trabalho de cuidar que atribuiu às mulheres (FEDERICI, 2019a, 2019b). Foi nesse momento histórico que surgiu o discurso do "instinto materno" (BADINTER, 1985).

Além disso, o capitalismo também conformou uma separação entre o homem branco (caucasiano europeu), cristão, e outros povos, considerados menos ou não humanos. Essa última diferenciação, baseada em crenças religiosas e, posteriormente, evolucionistas, serviu de base para os processos de exploração e escravização no colonialismo, mundo afora da Europa. O racismo se estabeleceu assim, primeiramente, em bases religiosas e, em um segundo momento, em fundamentos supostamente "científicos" (o "racismo científico"). Esse aspecto é importante, pois racismo e sexismo têm em comum tanto o sistema econômico que os criou, quanto o *modus operandis*. Em ambos, certas características físicas e fenotípicas serviram de base para justificar as desigualdades de oportunidades, tratamento e direitos[12].

Isso traz problematizações importantes e com desdobramentos específicos para os estudos de gênero: o papel das interseccionalidades. Trata-se não apenas de um somatório de diferentes opressões, mas como elas se intercruzam e adquirem conformações específicas para certos grupos (CRENSHAW, 2002; GONZALEZ, 1984). Por exemplo, quais foram os desafios enfrentados por mulheres brancas e negras. Enquanto as brancas eram vistas como procriadoras dos filhos legítimos, puras e castas, quase semelhantes à imagem de Nossa Senhora, as negras eram vistas como procriadoras de novos escravizados (como coisa reproduzindo outros sujeitos-coisas), brutas, sexualizadas e animalizadas.

---

[12] Importante ressaltar que, além do racismo em seu braço fenotípico, também houve o racismo cultural, inferiorizando e diabolizando (no sentido cristão) crenças, costumes, modos de organização política e religiosa de grupos diferentes dos brancos e ocidentais.

Em suma, voltando à Judith Butler, quando esta autora afirma que a própria diferenciação sexual é uma criação de gênero, da cultura: não se trata de negar que existem diferenças físicas (pois elas existem aos montes, mesmo entre duas mulheres ou dois homens), mas, antes, de apontar como e o porquê exatamente essas diferenças foram tomadas de uma determinada forma, para justificar espaços sociais de maior ou menor poder e prestígio. Isso serve para entender tanto a lógica do gênero quanto de raça. Ou seja, na era do capitalismo, a diferença foi traduzida em desigualdade. E mais: gênero foi lido de forma binária e como um par de opostos, feminino e masculino, sem intersecção em comum; valorando socialmente de forma diferente atributos a eles relacionados.

Firmou-se a ideia de haver qualidades consideradas femininas, tais como doçura, passividade, disponibilidade e prontidão para cuidar e pensar nos outros, maternidade, relacionadas às mulheres; e outras, tais como ambição, força, virilidade, sexualidade, capacidade para o trabalho e para a política, relacionadas aos homens. Fazer uma leitura interseccional dessas qualidades é fundamental. Por exemplo, enquanto se espera servidão, subserviência e disponibilidade em ajudar os outros de mulheres em geral, essa expectativa é ainda maior em relação às mulheres negras.

Destacamos, portanto, que "gênero" é um conceito relacional e implica sempre relações de poder, de privilégios, de maior ou menos prestígio. É nesse sentido que Butler destaca, então, que a diferença sexual é uma construção de gênero.

RESUMINDO

Não existe acesso puro à "coisa". Como dissemos, esse acesso é sempre interpretado pela linguagem. Quando falamos de diferença sexual, trata-se já de uma leitura, de uma interpretação cultural do corpo, perpassada de valores e estereótipos. Assim, poderíamos classificar os seres humanos, estruturalmente, não pelo sexo, mas por outras características. E não apenas classificá-los, mas atribuir valores, "essências", atributos, formas de ser e de sentir ligados "naturalmente" a essas diferenças. Uma leitura dos corpos, colocando a diferença sexual como essencial e estrutural, serviu, portanto, para justificar a distribuição dos espaços (público e privado) e das funções (do cuidar para as mulheres e do prover para os homens). O capitalismo operou pela divisão sexuada do trabalho e gênero foi o modo como essa opressão foi realizada. O que parece hoje "natural" foi histórica e culturalmente conformado.

Outra grande contribuição teórica de Judith Butler é a afirmação de que não existe identidade de gênero. Aqui, também precisamos explicar o que a autora quer dizer. Sua crítica se dirige a uma ideia coisificada de identidade, algo em si mesmo, constante e imutável. Gênero não é, nesse sentido, algo substancial. Para ela, gênero é *performance*[13]. As *performances* não são livres, elas são como *scripts* (roteiros) que já existem antes de nascermos e são mantidas por práticas sociais. Porém, é preciso destacar, esses roteiros não são peças acabadas e prontas, elas estão constantemente sofrendo transformações e mudanças no aqui e agora.

Peguemos um exemplo: você leitor(a), pode assistir a uma mesma peça de teatro, como Romeu e Julieta, encenada de formas diferentes, por diversos atores e atrizes, os quais dão a seus personagens nuances pessoais. Porém há um *script* (roteiro) que se mantém e dá coerência à história, possibilitando-nos reconhecê-la como sendo a *mesma*. As *performances* de

---

[13] Pautada em performatividade, Butler diz que a performatividade não é um jogo livre nem uma autoapresentação teatral. Há uma regulação que não apenas coloca limite à performatividade, mas, sobretudo, impele-a e sustenta.

gênero são algo dessa ordem. E, continuando a analogia, o próprio roteiro da peça vai sendo transformado de acordo com as mudanças históricas e culturais.

Trazendo para a vida real: quando você nasceu, já existiam roteiros e *performances* demandadas, que você era incitado(a) por sua família e pessoas próximas a seguir. Por exemplo, assim que adquirimos a habilidade de nos sentarmos, nossos pais e pessoas próximas nos dizem como seria o modo apropriado de fazê-lo, caso sejamos uma menininha ou um menininho. Para uma menina, é comum que se diga: "sente com as pernas fechadas, você já é uma mocinha!". De tanto ser interpelada essa *performance* e repetida, quase passa a ser "natural" esse gesto. O que se aprende é que menininhas e mulheres que "se dão o respeito" devem sentar-se de pernas fechadas. Sentar-se de pernas abertas, no caso das mulheres, diferentemente dos homens, adquire, em nossa cultura, um caráter/leitura de abertura sexual. Meninos e rapazes também são interpelados a certas *performances* consideradas "masculinas" e não é incomum que ouçam falas do tipo: "pare de rebolar, tá parecendo um viado!" ou "homem de verdade não faz isso!".

A escola é uma das instituições onde esses *scripts* (roteiros) de gênero são mais incitados. Além de professores e outros adultos, isso ocorre sobretudo pelos pares, amigos e amigas da criança e do(a) adolescente. É importante ressaltar que, frente aos *scripts*, cabe certa liberdade ao sujeito, mas pautada em limites, mantidos por um controle social e que, quando são ultrapassados, tornam essas *performances* passíveis de serem punidas. Esses mecanismos de controle podem ser macro ou microscópicos (vão desde o encarceramento em uma prisão a um xingamento de "vadia" ou "viado")[14]. A seguir, temos a retratação de um tipo de violência homofóbica comum nas escolas, que ocorre geralmente quando o menino/rapaz manifesta *performances*, emoções ou gostos considerados como pertencentes a mulheres ou ao mundo "feminino".

---

[14] Venho pesquisando o tema xingamentos e relações de gênero há mais de uma década e há vários artigos publicados (todos disponíveis na internet): ZANELLO, V.; ROMERO, A. C. (2012); ZANELLO, V.; GOMES, T. (2010); ZANELLO, V.; BUKOWITZ, B.; COELHO, E. (2011).

IMAGEM 6: Situações de homofobia, infelizmente comuns, no cotidiano escolar
FONTE: própria autora

Vídeo 1

Para entender mais a relação entre os xingamentos e as relações de gênero, assista ao vídeo TEDx "Porque xingamos homens e mulheres de forma diferente?"

Para Butler (1990), gênero é, portanto, uma repetição estilizada de *performances*, que de tanto serem repetidas criam uma sensação de identidade e estabilidade para o sujeito. Porém, além de *performance*, gênero também aponta para uma configuração de emocionalidades (ZANELLO, 2018). Com isso, queremos apontar que as emoções, assim como os comportamentos, são aprendidas, mediadas pela cultura. Aprendemos a sentir as coisas de uma determinada forma e a suprimir outras formas de sentir. Uma área do conhecimento que tem se dedicado a esses estudos é a Antropologia das Emoções (LUTZ; ABU-LUGHOD, 1977; LUTZ, 1986; LE BRETON, 2009). Em sociedades sexistas, as emoções que são incitadas, interpeladas, valorizadas em pessoas lidas como meninas ou meninos são diferentes.

Nas Imagens 7 e 8, temos a retratação de como os reforços sociais são distintos para meninos e meninas, a depender de suas *performances* e expressão de emocionalidades, caso sejam consideradas adequadas ao ideal de gênero, para cada sexo. Na Imagem 7, o comportamento de chorar é malvisto, enquanto o de demonstrar força é aplaudido para meninos. No caso das meninas (Imagem 8), a demonstração de força é malvista, enquanto a manifestação de delicadeza e a preocupação com o ideal estético são aplaudidas.

IMAGEM 7: Exemplos de aprendizagem social no caso dos meninos
FONTE: própria autora

IMAGEM 8: Exemplos de aprendizagem social no caso das meninas
FONTE: própria autora

Mas como são interpeladas as *performances* e emocionalidades relacionadas a gênero?

AS TECNOLOGIAS DE GÊNERO

Teresa de Lauretis (1994), outra importante autora da terceira onda do feminismo, cunhou o termo "tecnologias de gênero". Segundo ela, trata-se de produtos culturais que não apenas representam/retratam os valores, estereótipos, *performances* e emocionalidades de gênero, mas os reafirmam e reificam. Ou seja, constituem-se como verdadeiras pedagogias de gênero!

Vamos aos exemplos. Em geral, os produtos culturais direcionados às meninas e às mulheres elegem como tema central o amor, conquistar um homem (ou ser muito infeliz, feia ou desastrada por ser solteira) e a busca e o uso da beleza para seduzir e encantar. Bons exemplos são os desenhos animados, as comédias românticas e as propagandas.

Em *A pequena sereia*[15], Ariel — uma sereinha curiosa e destemida — apaixona-se por um homem e

---

[15] John Musker e Ron Clements (1989)

resolve tentar adquirir um corpo humano para poder seduzi-lo. Para isso, busca a bruxa do fundo do mar, Úrsula, para saber se pode ajudá-la nessa transformação. Úrsula lhe diz que sim, mas que em troca terá que abrir mão da própria voz. Espantada com a proposta, Ariel lhe pergunta como poderá conquistar o donzelo sem ter voz alguma e a bruxa prontamente lhe responde, rebolando: "Para que voz se você tem quadris?". Os peixinhos que circundam Ariel cantam, então, para ela a seguinte música: "O homem abomina tagarela /Garota caladinha ele adora/ Se a mulher ficar falando/ O dia inteiro e fofocando/ O homem se zanga/ diz adeus e vai embora./ Não! Não vá querer jogar conversa fora/ Que os homens fazem tudo pra evitar/ Sabe quem é mais querida?/ É a garota retraída/ E só as bem quietinhas vão casar..."[16].

Temos aqui três fortes pedagogias afetivas promovidas por esse desenho: primeiro, aprende-se que a coisa mais importante na vida de uma mulher é ter um homem. Segundo, que se ela quiser conquistá-lo (e se fazer ser escolhida por ele), precisa aprender a se

---

[16] Letra escrita por Howard Ashman e música composta por Alan Menken. Aqui adotamos a tradução oficial realizada para a exibição do filme em português.

calar. O silêncio é um comportamento atravessado pelo gênero. Como veremos, mulheres e homens aprendem a se calar por razões e sentidos diferentes. Por fim, também se aprende que seu corpo é seu grande capital simbólico e matrimonial.

"Ah, mas eu nunca pensei nisso quando assisti ao filme!", pode estar se questionando o(a) leitor(a). Esse é o caráter trágico das tecnologias de gênero: você não precisa ter consciência para que elas promovam seus efeitos...

Vamos para um segundo exemplo de filme, sucesso também de bilheteria da Disney e que já foi regravado: *A Bela e a Fera*[17]. Trata-se de um *script* muito comum na nossa cultura e constantemente revisitado em filmes, novelas e músicas. Na história, uma bela moça se apaixona por um monstro, a despeito de ele ser um monstro (!) e, com muito esforço e dedicação de sua parte, consegue transformá-lo em príncipe encantado. Eu pergunto a você, leitor(a): quantos filmes, desenhos e músicas você já entrou em contato que contavam a história de um príncipe que se casou com uma monstra e persistiu amando-a até que se tornasse

---

[17] Gary Trousdale e Kirk Wise. Estados (1991).

uma princesa encantada? O que meninas e mulheres aprendem com esse tipo de tecnologia de gênero é que depende delas o tipo de homem que elas têm a seu lado e que, caso se esforcem muito, serão capazes de transformar qualquer "perebado" (em qual esfera for) em um príncipe encantado. Não é à toa que mulheres persistem tanto em relações abusivas. Terminar uma relação é ressentido, assim, como ter fracassado como mulher. Uma das *performances* e emocionalidades, portanto, mais interpeladas nas mulheres, e esse é um tema que voltaremos mais adiante, é certa forma de amar e de se comportar no amor, o que as deixa fortemente vulnerabilizadas nessa questão[18].

Você pode assistir aos vídeos a seguir se quiser entender melhor como isso ocorre. É importante ressaltar, ainda, que há uma diferença de representatividade da diversidade de mulheres nas tecnologias de gênero e que, mesmo com a luta dos movimentos

---

[18] Raríssimos filmes de grande bilheteria (no mundo ocidental, de Hollywood) passariam no teste de Bechdel. Trata-se de um teste no qual se colocam duas questões: há mulheres no filme que conversam entre elas sobre qualquer tema que não seja um homem? E essas personagens têm nomes? Em geral, as personagens femininas retratadas nos filmes ocidentais têm como enredo principal encontrar ou viver um grande amor, ainda que fracassado. Além disso, são retratadas, de forma geral, como coadjuvantes.

sociais, as mudanças ainda são incipientes: raramente meninas e mulheres negras e indígenas são representadas como protagonistas, como conquistadoras ou merecedoras do amor de algum príncipe, o que já vai lhes ensinando também seu lugar na "prateleira do amor", como veremos mais adiante.

Para aprofundar esse tema, você deve assistir os dois vídeos a seguir:

Vídeo 2
"Live 1 - Saúde Mental e Gênero"

Vídeo 3
"Música sertaneja e dispositivo amoroso: tecnologia e de gênero e pedagogia do amar para mulheres"[19]

---

[19] O artigo dessa pesquisa também encontra-se disponível para acesso livre: GAMA, M.S.; ZANELLO, V. "Dispositivo amoroso e tecnologias de gênero: uma investigação sobre a música sertaneja brasileira e seus possíveis impactos na pedagogia afetiva do amar em mulheres". *In*: SILVA, E.; OLIVEIRA, S.; ZANELLO, V. (org.). *Gênero, subjetivação e perspectivas feministas*. 1. ed. Brasília: Technopolitik, 2019. v. 1, p. 161-182.

E para os meninos/homens? A principal tecnologia de gênero hoje presente nos processos de hombrificação (tornar-se homem de uma determinada forma) é a pornografia. Se antes ela se restringia a revistas compradas em bancas, hoje ela permeia a vida cotidiana, pela internet, facilmente acessada por meninos de tenra idade. O problema da pornografia não é moral, mas sobretudo o tipo de emocionalidade que ela incita como "prova de masculinidade". O que se aprende é a objetificação sexual, como modo de ser e estar no mundo.

A objetificação sexual pressupõe a transformação dos outros e das outras em coisas ou pedaços de coisas, estabelecendo uma relação hierárquica, na qual os rapazes devem aprender que estão no nível superior. O principal grupo objetificado sexualmente são as meninas e mulheres, mas não apenas. Para entender melhor essa questão, convido o(a) leitor(a) a assistir ao vídeo a seguir, sobre grupos masculinos de WhatsApp no Brasil:

Vídeo 4
"A casa dos homens em grupos masculinos de WhatsApp: misoginia e cumplicidade"[20]

Além disso, meninos e homens aprendem que sua "carteirinha de sucesso", chancela de valor como homem e acesso ao mundo simbólico e material (inclusive acesso às mulheres), dá-se pelo sucesso profissional, medido sobretudo pelo *status* ou reconhecimento social e pela capacidade de acúmulo material/riqueza. Em geral, os homens retratados como bem-sucedidos em filmes e desenhos são homens ricos e/ou sedutores/"pegadores" de mulheres. Voltaremos nisso.

---

[20] Artigo disponível para download. ZANELLO, V. Masculinidades, cumplicidade e misoginia na "casa dos homens": um estudo sobre os grupos de whatsapp masculinos no Brasil. *In*: FERREIRA, L. (org.). *Gênero em perspectiva*. 1. ed. Curitiba: CRV, 2020, p. 79-102.

RESUMINDO

A palavra "gênero" tem várias acepções e pode apontar para ideias diferentes, a depender de seu uso. A terceira onda do feminismo faz críticas pertinentes à noção de que a diferença corporal antecede a qualquer construção cultural, tendo em vista que o acesso a essas diferenças nunca pode se dar de forma livre e fora da própria cultura que a interpreta e a ela atribui valores e hierarquias. Nessa perspectiva, gênero é entendido de forma relacional (implica sempre em relações de poder, em estar em lugares de maior ou menor prestígio e empoderamento). Além disso, diz respeito a *performances*, assim como a emocionalidades, constantemente repetidas e interpeladas por diferentes mecanismos sociais, dos quais as tecnologias de gênero são as mais poderosas. Elas não apenas retratam as diferenças, mas as recriam e reafirmam. Nesse sentido, as *performances* e emocionalidades são constantemente interpeladas e reiteradas.

Foucault (1996) afirma ter havido uma transformação dos mecanismos de controle social, com uma passagem de um poder repressivo a outro constitutivo. Ou seja, ao invés de se obrigar os sujeitos a fazerem alguma coisa (por exemplo, por meio de uma lei criada por um déspota), criaram-se mecanismos para promover nos próprios sujeitos o desejo de fazê-la. Esses mecanismos de controle social, dos quais as tecnologias de gênero fazem parte, garantem que essa passagem/mudança seja bem efetuada, de modo que os sujeitos ressintam as *performances* e emoções como fazendo parte "deles mesmos". Por exemplo, a preocupação estética existente entre as mulheres e o que elas aprendem sobre seus corpos como sendo um capital simbólico e matrimonial.

Quando Ariel pergunta à Úrsula (bruxa) como conquistará o príncipe caso lhe dê a voz para poder ter um corpo de mulher, aprende que o *sex appeal* é um capital importante para se fazer ser desejada e escolhida por um homem. Quando, individualmente, uma mulher faz regime, "malha" com esforço certas partes do corpo, gasta horas cuidando do cabelo com esmero (mesmo em seu dia de folga e descanso), escolhe roupas que valorizem a silhueta ou certas partes de seu corpo que considera mais bonitas ou "gostosas" etc., caso seja questionada, ela lhe dirá que "gosta" de se cuidar e que faz isso por desejo "próprio". Esse mecanismo também se mostra, de forma negativa (como um negativo de fotografia) no mal-estar, comumente apresentado por meninas e mulheres, em relação a seus corpos e aparência, na vivência de que estão sempre aquém do ideal de beleza, magreza etc. Não é preciso que ninguém as critique, pois seu olho interno já é crítico o suficiente.

Levando em consideração esses mecanismos de controle (sociais e históricos), faz-se mister apontar que, em nossa cultura, neste momento específico, há caminhos privilegiados/preferenciais de subjetivação distintos para homens e mulheres (ZANELLO, 2016, 2018). O binarismo é uma construção social, mantida, interpelada e "naturalizada" nos discursos, mesmo naqueles ditos científicos. Por isso, ainda é necessário utilizá-lo em nossas análises, figurando o que Spivak (1985, 1998) denominou de "binarismo (essencialismo) estratégico".

O "binarismo estratégico" aponta para a adoção do binarismo como *ferramenta* para compreender e interpretar os fenômenos psíquicos e sociais em uma sociedade que ainda funciona no binarismo homem-mulher, porém reconhecendo, de forma crítica, que esse par não representa essências e, sim, criações culturais.

Em outras palavras: é preciso nomear e compreender o binarismo e seus desdobramentos nas pessoas e na sociedade, para que ele, de fato, possa ser transformado! Pensar esse binarismo nos processos de subjetivação, no tornar-se "homem" ou "mulher", dá-nos diretrizes para refletir sobre as diversas interseccionalidades e possíveis desafios que mulheres diversas e homens diversos podem enfrentar nesses processos.

Antes de adentrarmos nos caminhos privilegiados/preferenciais de subjetivação para homens e mulheres em nossa cultura, precisamos ainda fazer outro recorte de significados pelo qual a palavra "gênero" tem sido tomada.

Como apontamos no início do texto, o sentido de uma palavra é seu uso (WITTGENSTEIN, 1991). Isso faz com que a mesma palavra, por exemplo "manga", possa ser usada com significados bem diferentes: "A manga tá suja!", diz alguém apontando para seu braço e se referindo a uma parte de sua camisa. Ou "hum! Esta manga tá muito doce!", diz outra se deliciando com a fruta. Na atualidade, **a palavra "gênero" tem sido utilizada em pelo menos três sentidos diferentes** (ZANELLO, 2016, 2018):

1. **para apontar o binarismo**, o qual mantém uma ideia de masculino/feminino, masculinidade/feminilidade como essências, entendidas tanto no sentido metafísico, como também de forma "naturalizante/biologizante". Por exemplo, a ideia de que mulheres têm instinto materno e são naturalmente cuidadoras; e de que homens são naturalmente agressivos e têm impulsos sexuais incontroláveis. O binarismo ou forma binária de compreensão do mundo e da vida é uma construção histórico-social, criada, reafirmada e mantida por diversos mecanismos, dentre eles as tecnologias de gênero. Apesar de várias críticas, há pessoas ou grupos que continuam a tomar o binarismo de forma essencial, ou seja, como se houvesse comportamentos e emoções essencialmente relacionadas a homens e mulheres. Como apontamos, neste livreto, adotamos o BINARISMO ESTRATÉGICO e não essencial.

2. **para sublinhar a relação (que deveria ser biunívoca, ou seja, em mão dupla) entre *performances* de gênero (mas também valores e estereótipos) ditas femininas ou masculinas e certas especificidades corporais**. Assim, a anatomia — ter um pênis ou uma vagina — deveria aparecer sempre ligada, no primeiro caso, à masculinidade e, no segundo, à feminilidade. Nesse

campo se dá a discussão das questões cis (pessoas nas quais supostamente a identidade de gênero corresponde àquela imposta culturalmente ao sexo) e trans (quando essa identidade não corresponde ou é fluida).

3. **para apontar a orientação sexual**, a qual se baseia em um pressuposto de heterossexualidade compulsória. Ou seja, na ideia de que seres considerados mulheres devem por natureza desejar homens, e vice-versa. Uma das premissas aqui é a ideia do sexo procriativo e uma naturalização da sexualidade.

A partir de agora, o conteúdo deste livreto estará centrado na primeira acepção (e, em parte, na segunda), buscando compreender como se dá a construção de uma suposta "essência", naturalizada, do que venha a ser um homem ou uma mulher "de verdade". Ou seja, buscaremos analisar quais *performances* são interpeladas e tidas como válidas para o reconhecimento valorativo do que se considera um "homem" ou uma "mulher" (não apenas exteriormente a esses sujeitos, mas também como elementos constitutivos deles mesmos, alterando, por exemplo, seu autojulgamento e autoestima). A justificativa para nos centrarmos na primeira acepção e, em parte, na segunda, é por acreditarmos que ao desnaturalizar uma ideia de "masculino" e "feminino", cai por terra boa parte da estrutura dos problemas encontrados na acepção 2 e uma parte, ainda que menor, da acepção 3. Esta última toca em questões distintas, relacionadas ao espectro da sexualidade, a qual não aprofundaremos neste texto.

Como apontamos, na nossa cultura os caminhos privilegiados/preferenciais de subjetivação para homens e mulheres são distintos[21]. As mulheres se subjetivam por meio do dispositivo amoroso e materno; e os homens por meio do dispositivo da eficácia (ZANELLO, 2016, 2018). Tratemos agora de cada um desses dispositivos.

---

[21] Leia-se "de pessoas consideradas e colocadas, a partir da diferença sexual, em lugares de homens e mulheres", de acordo com todas as ideias desenvolvidas anteriormente.

Mulheres e dispositivos

Amoroso e materno

DISPOSITIVO AMOROSO

Dizer que as mulheres se subjetivam hoje, em nossa cultura, pelo dispositivo amoroso, implica em dizer que as mulheres se subjetivam em uma relação consigo mesmas mediadas pelo olhar de um homem que as escolha. A metáfora para compreendermos essa ideia é a da "prateleira do amor" (ZANELLO, 2018). Dito de outra forma: as mulheres se subjetivam na prateleira do amor. Sua autoestima é construída e validada pela possibilidade de "ser escolhida" por um homem. Essa prateleira é regida por um ideal estético, o qual vem se construindo desde o começo do século passado e possui a característica de ser branco, louro, jovem e magro. Quanto mais distante desses ideais, maior o impacto sobre a autoestima da mulher e maiores são as chances de se sentir "encalhada" na prateleira, ficando em posições mais desfavoráveis nela. Em geral, é comum que essas mulheres sejam alvo de preterimento afetivo, preterimento esse que é interpelado na configuração emocional de homens (brancos e negros) em relação a elas. Por outro lado, por mais que momentaneamente uma mulher se encontre em uma suposta "boa" posição, continua ainda vulnerabilizada, pois está fadada a envelhecer, engordar, "ficar fora do mercado".

Sobre o ideal estético é importante que se diga, como apontamos anteriormente, que ele ocupa um lugar central no processo de socialização tanto das *performances,* quanto das emocionalidades das mulheres e, por isso, passa a ser ressentido como algo identitário. Na adolescência, essa vivência é ainda mais exacerbada. O que a cultura ensina às meninas é que o corpo é um capital de prestígio social e matrimonial. Ou seja, que a beleza (dentro do padrão eleito como belo) deve ser buscada. Por isso, são tão comuns "piadas" agressivas e *bullying* usando características físicas das meninas, sobretudo em relação àquelas que se encontram distante desse ideal, principalmente as meninas negras, gordas, com deficiência ou indígenas. Isso faz com que a autoestima das meninas e mulheres acabe sendo construída de forma relacionada à sua aparência, tanto facial, quanto corporal, sendo este um dos aspectos da vulnerabilização marcada pelo gênero.

A PRATELEIRA DO AMOR

Ser subjetivada na prateleira do amor torna as mulheres extremamente vulneráveis, visto que, se é necessário "ser escolhida", nem sempre importa tanto quem as escolha. Isso empodera os homens. Eles são os maiores beneficiários do dispositivo amoroso das mulheres. De certa forma, os homens em nossa cultura já nascem com a certeza de que serão "amados", independentemente de qualquer característica física, mental e socioeconômica do homem[22]. O que pode ocorrer é uma restrição no acesso à variedade de mulheres (na prateleira), quanto mais esse homem se afastar dos ideais do dispositivo da eficácia (como veremos adiante). No entanto, ele estará, de qualquer maneira, em uma posição avantajada em relação às mulheres na prateleira do amor.

---

[22] Neste sentido, de forma geral, um homem, independentemente de seus atributos físicos e morais, só fica sozinho se assim o desejar.

Na imagem a seguir, temos a retratação dos diferentes "valores" que mulheres têm na prateleira do amor, a depender de seus atributos físicos, mais ou menos distantes do ideal estético historicamente conformado em nosso país para elas (branco, magro e jovem). Como ressaltamos, quanto mais distante, maior o preterimento afetivo sofrido por parte de homens brancos e negros, e maior chance de ser vista apenas sob a ótica da objetificação sexual.

IMAGEM 9: Retratação dos diferentes "valores" que mulheres têm na prateleira do amor, do preterimento afetivo e da objetificação sexual.

FONTE: própria autora

O que faz com que mulheres aceitem qualquer coisa em uma relação não é o amor dedicado a esse ou àquele homem, mas a necessidade de serem escolhidas e validadas como "mulher". Mulheres que "deram certo". O dispositivo amoroso é, assim, o fator de maior desempoderamento das mulheres e o maior fator de empoderamento dos homens e de proteção à sua autoestima e ao bem-estar emocional. Esse é um aspecto relacional.

Um exemplo no qual se manifesta esse impacto: na escola, sempre há as meninas que são mais cortejadas pelos meninos, convidadas para sair, ir ao cinema; ou seja, meninas que facilmente têm pretendentes que as "escolhem", o que pode promover o sentimento de se sentirem "preferidas" e "escolhidas". Porém, outras meninas sofrem o reverso, ou seja, nunca recebem nenhum convite por parte dos rapazes e vivenciam o sentimento de serem sempre "preteridas". Ainda que essa última situação possa claramente afetar a autoestima delas, não se deve acreditar de maneira ingênua que as primeiras possuem necessariamente uma autoestima elevada. Isso pode ser visto em meninas "populares", que mesmo sendo socialmente consideradas belas, muitas vezes têm uma autoestima baixa e vivem se sacrificando, por exemplo, submetendo-se a regimes, para se manter na posição de "desejada", ou seja, de aprovação social dos outros, sobretudo dos meninos. O que é importante destacar é que a prateleira do amor é ruim para todas as mulheres, ainda que, certamente, seja bem pior para aquelas que se encontram distanciadas do ideal estético vigente. No dispositivo amoroso, há uma terceirização da autoestima: o que meninas e mulheres aprendem é que só são desejáveis se houver alguém as desejando.

Há também o fator cronológico, que faz com que esse dispositivo funcione de forma ainda mais cruel nas mulheres ao envelhecerem, com a passagem do tempo. "É o relógio biológico!" é a desculpa que se escuta. O desespero em se casar as leva, muitas vezes, a se casarem com o ideal de casamento e a suportar situações extremamente dolorosas[23]. O que está em xeque, portanto, é a identidade dessas mulheres. Para elas, o amor ou essa forma de amar nelas interpelada é uma questão identitária. Por isso, na maioria das vezes, romper uma relação, ainda que seja violenta, é colocar-se em xeque como mulher que fracassou, pois não foi nem mesmo

---

[23] Para se ter ideia do quanto são efetivas as tecnologias de gênero e o quanto são introjetados os valores por elas propalados, em estudo realizado pelo Ipea, em 2014, 78,7% dos entrevistados (mulheres e homens) concordaram, total ou parcialmente, que o sonho de toda mulher é se casar.

capaz de "manter um homem" ou de "consertá-lo". Nesse sentido, é bastante comum ouvirmos frases do tipo "Ruim com ele, pior sem ele" ou "Não quero voltar para a pista" (leia-se: "não quero voltar para a prateleira").

Outro ponto importante é que, por se subjetivarem na prateleira do amor, institui-se uma rivalidade entre as mulheres. Ao querer ser um objeto passível de ser escolhido por um homem, cada uma das mulheres é interpelada a tentar brilhar mais do que as outras, rivais na prateleira, ou a apagar o brilho das demais. Quem avalia física e moralmente as mulheres são os homens. E quem avalia os homens? Os próprios homens, como veremos adiante. Novamente, precisamos destacar que quem ganha com a rivalidade entre as mulheres são os homens. A vivência da rivalidade, por parte das mulheres, perpetua o poder dos homens. Um exemplo, infelizmente comum na nossa cultura, são as brigas entre a ex e atual namorada/esposa. Aparentemente, mulheres brigam pelo homem, mas, de fato, é muito mais pela chancela de seu valor de mulheridade, quando são *as* "escolhidas".

Isso não quer dizer que os homens não são capazes de amar, mas que a forma de amar pela qual são interpelados é outra e que o amor para eles não coloca em xeque suas identidades[24]. Dito de outra forma: em nossa cultura, os homens aprendem a amar muitas coisas e as mulheres aprendem a amar os homens (ZANELLO, 2018). Essa é uma relação marcada pela desigualdade e dissimetria: enquanto as mulheres investem grande parte de sua energia e preocupações na relação, homens investem em seus próprios projetos e vidas. Geralmente, homens se nutrem do dispositivo amoroso das mulheres, ou seja, há um lucro afetivo.

É preciso também destacar o papel do silêncio nesse dispositivo. Mulheres aprendem a se calar em função do bem-estar dos outros e para manter as relações afetivas e amorosas. O que escutam são frases do tipo: "Amiga, para de reclamar! Homem é assim mesmo!"; "Olha, você fica enchendo o saco dele, daqui a pouco ele arruma outra! Homem tá difícil". Grande parte da chateação, frustração e queixas que porventura tenham deve ser invisibilizada e o mal-estar não deve ser expresso. Não é à toa, assim, que grande parte do adoecimento psíquico de mulheres tenha a ver com depressão e ansiedade: aquilo que se cala, não deixa

---

[24] "Homem mal-amado" é uma expressão que não se usa. Por outro lado, "mulher mal-amada" é uma expressão bastante corriqueira.

de existir e pode levar a uma implosão emocional. Mulheres aprendem, em geral, a se responsabilizar pela relação e pelo bem-estar dos seus parceiros.

Por fim, é importante destacar que subverter a orientação heterossexual não necessariamente leva a uma desconstrução do dispositivo amoroso, como entre meninas e mulheres lésbicas. Nesse último caso, é comum que tenhamos o encontro de dois dispositivos amorosos. A qualidade da relação estabelecida é diferente, pois geralmente há um dar e um receber mais simétrico.

RESUMINDO

O dispositivo amoroso aponta para o fato de que o amor não é um sentimento espontâneo e apenas individual, e sim uma emocionalidade aprendida e mediada pela cultura. Na nossa cultura, homens aprendem a amar muitas coisas e mulheres aprendem a amar os homens. Por meio do processo de socialização, de várias tecnologias de gênero e pedagogias afetivas, mulheres se tornam amor-centradas e aprendem que seu sucesso como mulher depende de fazer-se ser escolhida por um parceiro/a e se manter escolhida por ele/a. Trata-se da subjetivação na "prateleira do amor". Essa prateleira é mediada por um ideal estético, historicamente construído, que é branco, magro e jovem e quanto mais distante desse ideal, maior a chance de a mulher não ser escolhida para um relacionamento afetivo/romântico e sim preterida (e objetificada sexualmente). Mulheres aprendem que o corpo e a beleza são um capital simbólico e matrimonial. No dispositivo amoroso, há uma terceirização da autoestima das meninas e mulheres, as quais aprendem que elas só são desejáveis se tiverem alguém as desejando. Além disso, a prateleira do amor incentiva a rivalidade entre as mulheres. Homens lucram com o dispositivo amoroso, pois esse constrói uma relação assimétrica, na qual, enquanto as mulheres investem grande parte de suas energias (a eles nutrindo), eles investem na própria vida e interesses. O dispositivo amoroso deixa as mulheres bastante vulnerabilizadas no amor e o "botãozinho" de fragilidade, gatilho, é elas se sentirem as "escolhidas", especiais, insubstituíveis.

Vídeo 5
"Dispositivo amoroso e mulheres"

DISPOSITIVO MATERNO

Abordemos, então, o dispositivo materno. Assim como o amoroso, trata-se de uma construção cultural. Faz-se mister diferenciar a capacidade procriativa da capacidade de cuidar e maternar uma criança. Se a primeira é restrita a seres com útero, a segunda é uma capacidade humana, infelizmente interpelada apenas em uma parte da população. Foi no século XVIII, no Ocidente, que ocorreu essa compreensão da capacidade de cuidar de um infante como sendo "naturalmente" ligada à capacidade reprodutiva. Como apontamos no início deste texto ao tratarmos das ideias de Laqueur (2001), com o advento do capitalismo houve uma transformação cultural de grande porte, marcada sobretudo pela promessa de abertura e mobilidade social para todos e não para todas. Nesse momento histórico, no qual a diferença sexual passou a ser entendida não mais como diferença de graus, mas diferença essencial, a capacidade procriativa das mulheres foi traduzida em desigualdade: ao relegá-las ao âmbito privado e do cuidado com as crianças. Não que esse âmbito fosse ruim em si mesmo, mas surgiu já valorado em uma hierarquia inferior ao âmbito público, dos negócios e do trabalho reconhecido como tal. A prova disso foi (e ainda é) o não reconhecimento dos afazeres domésticos na categoria "trabalho" e, consequentemente, a não remuneração desse serviço.

A ideia de um "instinto materno", que seria natural às mulheres, surgiu, então, com força total e foi alimentada pela contribuição de diversas ciências (EDMOND, 2012; MATOS, 2003). Badinter (1985) aponta a grande mudança cultural que isso promoveu e, ao mesmo tempo, foi fruto. No século XVII, como demonstra a autora, as mulheres francesas pariam e entregavam o recém-nascido, no mesmo dia, para as amas de leite amamentarem. Não havia comoção nem culpa, e grande parte dessas crianças não completava nem mesmo um ano de vida. Óbvio que existiam diferenças de classe social. Assim, as mais ricas davam suas crias para amas mais refinadas, as quais moravam em Paris, e as mais pobres entregavam seus rebentos para camponesas que as levavam para lugares distantes.

Badinter se pergunta se não seria a alta taxa de mortalidade infantil o que justificaria o desapego das mulheres a seus filhos, mas, baseada nos documentos que analisou, afirma ter ocorrido justamente o contrário: uma alta taxa de mortalidade em função de um desapego, uma vez que nesse momento não havia sido inventado o mito do amor materno, o qual, tempos depois, seria visto como "natural" (e interpelado) a todas as mulheres. Além disso, nessa época, a criança era entendida como um adulto em miniatura, não havendo um sentimento específico (mediado culturalmente) em relação à "infância".

O século XVIII é, portanto, o momento no qual se começa a construir uma relação (entendida como natural) entre maternagem (trabalho de cuidar) e capacidade de procriação. Em um primeiro momento, as mulheres foram interpeladas a amamentarem seus bebês; depois, a criá-los; e, posteriormente, com as contribuições do campo *psi* (psicanálise e psicologias), passaram a ser vistas como as "responsáveis" pela "personalidade" de seus filhos (CAPLAN, 2012). A maternidade se tornou algo muito pesado para as mulheres, pelo acúmulo cada vez maior de tarefas e responsabilidades. O sentimento de culpa, tão constante na fala das mulheres que são mães, é o sintoma de que a interpelação de certas *performances*, emocionalidades e subjetivação pelo dispositivo materno deu certo.

Na imagem abaixo, podemos ver claramente como maternidade e paternidade interpelam diferentemente mulheres e homens. A maternidade é uma questão identitária para as mulheres. Já a paternidade, para os homens, envolve aspectos de outra ordem. O que se interpela neles é a *performance* de "ser provedor", dentro do dispositivo da eficácia. Não ser pai, ou um ser um pai ausente, não os coloca em xeque identitariamente.

IMAGEM 10: Exemplo de comparação da vivência da maternidade e da paternidade, por parte de mulheres e homens.

FONTE: Zanello (2018)

Um ponto importante a destacar é que, se essa construção social e histórica trouxe um acúmulo de responsabilidades às mulheres, trouxe, por outro lado, uma espécie de "empoderamento colonizado" (ZANELLO, 2018). Até um século atrás, mulheres não tinham acesso a nenhum direito político e nem eram vistas como "pessoa", tal como os homens. A maternidade foi um dos primeiros lugares de reconhecimento social, visto que aos Estados interessava o crescimento da população. As mulheres seriam assim as mães das novas gerações, as "educadoras do futuro da nação". Para quem nunca teve um lugar de reconhecimento, esse espaço (ainda que colonizado, com interesses outros) foi um grande avanço. Como futuras educadoras de seus filhos, foi surgindo também a necessidade mínima de as educar. Essa promessa de reconhecimento social na maternidade foi tomando formas e contornos diferentes, mas subsiste até os dias de hoje.

É importante destacar que a base do dispositivo materno é o "heterocentramento" (ZANELLO, 2018), ou seja, a forte pedagogia afetiva que meninas atravessam em seu processo de mulherificação: elas aprendem que devem sempre priorizar desejos, necessidades e anseios dos outros, em detrimento dos próprios. O tornar-se homem, no processo de hombrificação, ensina aos meninos, por seu turno, o "egocentramento", isto é, a priorizarem seus próprios desejos, necessidades e anseios e, somente depois, pensarem nas necessidades dos demais. A aprendizagem do heterocentramento independe do fato de mulheres se tornarem efetivamente mães ou não.

Na imagem a seguir, temos um exemplo de como ocorre a aprendizagem do heterocentramento para as meninas: na situação retratada, uma irmã e um irmão estão se divertindo, jogando videogame. A mãe convoca a menina para ajudá-la a lavar o tênis do irmão (!), pois ele precisará do calçado para seu jogo de futebol. O irmão continua jogando, enquanto a menina deixa de lado seu interesse e desejo pessoal para cuidar das coisas dele.

IMAGEM 11 – Aprendizagem afetiva do heterocentramento por parte das meninas

FONTE: própria autora

Além deste exemplo, poderíamos citar vários outros: é comum, nos encontros em família, no domingo, que se interpele meninas a ajudarem na preparação do almoço, seja colocando a mesa, seja recolhendo louças e talheres, ou lavando-os, para dar uma "forcinha" para as mães e/ou outras mulheres da família. Meninos raramente são interpelados a performarem esse papel. Outro exemplo: se é preciso cuidar das crianças por alguma razão (a mãe precisa sair, vai tomar banho etc.), a quem se demanda "dê uma olhadinha nas crianças por mim"? Geralmente às meninas e às mulheres. Se é demandado a um menino ou homem e ele se nega, ele só é visto como homem; mas, no caso das meninas/mulheres, o julgamento é moral: "Que menininha/mulher egoísta!", "Imprestável". Isso faz com que muitas meninas e mulheres desenvolvam uma dificuldade em dizer "não" e colocar limites nas demandas alheias; ou, ainda, uma dificuldade em priorizar as próprias necessidades e desejos — elas se sentem em dívida, não merecedoras ou, pior, culpadas por esse suposto "egoísmo". Em suma, elas aprendem a cuidar dos outros e a cuidar muito pouco de si mesmas.

O dispositivo materno aponta, assim, para a necessidade, interpelada nas meninas e mulheres, de sempre estar disponível a cuidar e acolher os outros, seja os da própria família, o(a) parceiro(a), os filhos, os parentes doentes, alguém que precise e, até mesmo, nas relações de trabalho. As mulheres continuam, portanto, a serem vistas como cuidadoras natas.

É necessário destacar que qualquer ser humano precisa receber cuidados para sobreviver (mesmo quando adulto) e que a economia do cuidado é pouco discutida e tematizada. No Brasil, é necessário se fazer uma leitura interseccional, racializada, da distribuição do cuidado: de um lado temos as pessoas que mais cuidam e menos recebem cuidados — as mulheres negras pobres; de outro, quem mais recebe cuidados e menos cuida — homens brancos de classe média e alta. O cuidado impacta a saúde mental das pessoas, sendo fator de proteção, quando recebido, mas fator de risco quando exercido de forma desmedida (sobretudo quando acompanhado de seu não recebimento, ou seja, marcado só pelo *dar/fornecer cuidado*).

Por fim, precisamos destacar que o próprio sistema capitalista expropria o dispositivo materno das mulheres: isso se torna evidente tanto no exercício profissional como ainda na concentração do trabalho doméstico e dos cuidados com os filhos nas costas das mulheres. Desde o começo do século XX, todas as profissões relacionadas ao cuidado sofreram uma feminização, tais como ser professora, enfermeira/técnica de enfermagem, psicóloga, nutricionista, médica de atenção primária... Além daquelas que eram relacionadas à escravização e que, depois da abolição da escravatura em nosso país, em 1888, passaram a ser "trabalhos" ocupados sobretudo por mulheres negras (na verdade, só remanesceram no mesmo posto, ainda bastante subalternizado, e agora recebendo parcos salários): babás e empregadas domésticas. A maior categoria profissional feminina permanece sendo ainda, no Brasil, em pleno século XXI, a de trabalhadora doméstica, o que aponta tanto para a manutenção de uma mentalidade escravocrata, quanto para uma subalternização e criação de poucas oportunidades de mobilidade social para as mulheres negras. Elas são enredadas no dispositivo materno.

O fenômeno da feminização das profissões ligadas ao cuidado relaciona-se a uma precarização dos salários e das condições de trabalho. Esse é o caso, por exemplo, das mulheres professoras, maioria hoje dos profissionais da educação em nosso país. A ideia que está por trás desse processo é a seguinte: se o cuidar é "vocação" das mulheres, espera-se que seja exercido pela "realização" pessoal e vocacional, e não pelas recompensas materiais a receber. Sobre a divisão das responsabilidades domésticas, dos afazeres cotidianos para a manutenção da casa e do cuidado com os filhos, destaca-se que, apesar de todos os avanços na esfera pública do trabalho (com mulheres adentrando em diversas profissões e se tornando maioria nas universidades, por exemplo), foram tímidas as transformações no âmbito privado. Como demonstra o levantamento realizado pelo IBGE, em 2020, mulheres continuam a realizar grande parte do trabalho doméstico e do cuidado com os filhos e gastam em média 9 horas a mais que os homens na execução dessas atividades[25]. Esse trabalho continua a ser invisibilizado sob o nome de "amor" (FEDERICI, 2019b).

RESUMINDO

O dispositivo materno aponta para uma interpelação das meninas e mulheres no "heterocentramento": ou seja, a elas é ensinado que devem priorizar sempre as demandas, necessidades e interesses dos outros em detrimento dos próprios. Sendo mulheres, faria parte de sua suposta "essência" e "vocação" serem maternais e estarem sempre disponíveis para cuidarem dos outros. A construção do discurso sobre "instinto materno" data do século XVIII e

---

[25] Este trabalho tornou-se ainda maior e mais evidente durante o período da pandemia de Covid-19 (ZANELLO *et al.*, 2022).

veio atender aos anseios do capitalismo, no sentido de justificar as desigualdades pautadas na divisão sexuada do trabalho. Enquanto aos homens é dado o direito de cuidarem de suas vidas, mulheres são interpeladas a cuidarem deles, por eles e para eles. O ápice de demanda ocorre na maternidade literal, cujo trabalho foi e continua sendo colocado nas costas das mulheres, assim como os trabalhos domésticos. As pedagogias afetivas que interpelam *performances* e emocionalidades relacionadas ao dispositivo materno são profundamente arraigadas e naturalizadas em nossa cultura. Um exemplo comum são os almoços familiares em que meninas e adolescentes mulheres são demandas a ajudar no preparo dos alimentos, na arrumação da mesa ou a lavar pratos e arrumar a cozinha, enquanto a seus irmãos e primos é concedida a oportunidade de fazerem atividades de sua escolha. O cuidado passa, assim, a ser naturalizado como "feminino", "coisa de mulher". Porém, é sempre bom lembrar, trata-se de aprendizagem cultural de gênero.

Vídeo 6
"Dispositivo materno e mulheres"

HOMENS E DISPOSITIVO DA EFICÁCIA

Assim como o tornar-se mulher é fruto de processos de subjetivação interpelados por poderosos mecanismos sociais, também o tornar-se homem é marcado por certas especificidades. Segundo Badinter (1992), a masculinidade é construída de forma negativa e imperativa. Nesse sentido, a frase comumente proferida aos meninos, "seja homem!" aponta que a virilidade não seria algo "natural", mas performada como a negação daquilo que é considerado como "feminino".

A virilidade deve ser provada, construída, "fabricada": "Dever, provas, competições, essas palavras dizem que há uma verdadeira tarefa a realizar para vir a ser um homem" (BADINTER, 1992, p. 15). Ser homem, nesse sentido, é *não* ser doce, *não* ser afeminado, *não* ser submisso... *não* ser um "viado", *não* ser uma "mulherzinha". A homofobia é central na masculinidade hegemônica e, em seu centro, temos a misoginia, que é o repúdio às mulheres e às qualidades consideradas como femininas (BOURDIEU, 2019; KIMMEL, 2016; ZANELLO, 2018). No imaginário popular, o homem gay é entendido como aquele que performa qualidades "femininas" ou que se coloca em um lugar de passividade, supostamente adequado para mulheres. Óbvio que essa leitura é preconceituosa, pois existe uma diversidade de homens gays, com modos de ser bem diferentes.

A misoginia, pilar central da masculinidade hegemônica, pode se manifestar de diversas maneiras, sendo mais evidente quando ocorre de forma direta, como aquela presente em discursos de ódio contra as mulheres. Porém, ela também se manifesta sutil e disfarçadamente. No Brasil, a forma mais comum de manifestação da misoginia por parte dos homens é a objetificação sexual. Como apontamos no início deste livreto, na objetificação sexual, há a transformação do outro ou das outras em coisas ou pedaços de coisa, e o estabelecimento de uma relação pautada pela hierarquia e subjugação do outro. A objetificação sexual é uma expressão disfarçada da misoginia, pois faz muitos homens acreditarem que "amam" mulheres e as apoiam, simplesmente por desejá-las sexualmente. Dentre todas as emocionalidades interpeladas no tornar-se homem, a objetificação sexual é a mais forte e a mais importante como comprovação e exibição do que se considera masculinidade.

A seguir, vemos a retratação de uma cena comum para as mulheres no Brasil. Homens julgam-se no direito de avaliar e emitir opinião sobre os corpos e partes dos corpos das mulheres. A relação que se estabelece é da ordem da objetificação sexual. Uma fala comum que escutamos das mulheres em situações como essas é: "Me senti um pedaço de carne".

IMAGEM 12: Cena infelizmente comum de objetificação sexual de mulheres no Brasil

FONTE: própria autora

A pornografia, enquanto tecnologia de gênero, é essencial no processo de interpelação da objetificação sexual. O que se aprende, como homem, é a ocupação de uma posição hierárquica, superior, que se deve ter em relação ao grupo de mulheres, mas também uma *performance* a ser exibida constantemente perante os pares, outros homens. Essa aprendizagem emocional e performática começa cedo e por outras vias. Como quando o pai de um menino vai pegá-lo na escolinha e, ao chegar, vê ele brincando no parquinho de areia com uma coleguinha. No carro, o pai começa a perguntar "E aí, Arthur? Mari (a menininha) é sua namoradinha? É? Já deu beijinho nela?". Arthur começa a aprender que a relação possível e desejável entre ele e as meninas é da ordem da objetificação sexual, marcada obviamente por uma hierarquia, na qual ele se encontra no patamar mais alto. E que para ele ser aceito e amado pelo pai e posteriormente por outros homens, seus pares, precisa demonstrar essa capacidade de objetificação sexual. Seria o caso de ele responder "dei!" e todo mundo rir e achar fofo, e o pai o parabenizar... Com o tempo, exibições como essa só se complexificam, porém mantendo seu cerne afetivo e comportamental. A carteirinha da capacidade de objetificação das mulheres terá que ser exibida muitas vezes no decorrer da vida, para que seja possível ser aceito e pertencer ao grupo dos homens.

A "CASA DOS HOMENS"

Para entender esse processo de socialização, Daniel Welzer-lang (2001) criou uma metáfora: a casa dos homens. Segundo ele, para ser iniciado na masculinidade, o pequeno *infans* (aquele que não fala) deve atravessar provas (constantes em todo o decorrer da vida), proporcionadas por outros homens, que o interpelam ao combate e ao abandono de todos os aspectos que o associem às mulheres (ou seja, como vimos antes, a introjeção da misoginia). Nessa casa haveria vários "cômodos" e, para ascender a cômodos de maior prestígio nas masculinidades, há que se enfrentar provas constantes, efetuadas, em geral, por outros homens mais velhos ou com maior reconhecimento na virilidade sexual e laborativa (homens com mais experiência sexual, melhor sucedidos profissionalmente, mais ricos etc.). Nesse processo, ao subir nos testes de masculinidade e ser reconhecido pelos pares, passa-se a ocupar postos nos quais o próprio rapaz/homem passará a colocar à prova a virilidade de rapazes mais novos.

Podemos ver, como exemplo do funcionamento da casa dos homens, diversas situações de *bullying* na escola, na qual os rapazes se juntam para tirar sarro e assujeitar outros meninos ou mais fracos ou que expressem trejeitos considerados como femininos. Também são comuns entre eles piadas e conversas sobre os corpos das meninas. Caso um dos colegas não expresse e compartilhe os jogos de objetificação sexual em relação a elas e outras mulheres, será tido como "viado". Muitos meninos, que ressentem e têm consciência de um desejo diferente da heterossexualidade, performam a objetificação sexual das mulheres perante outros meninos ou fazem *bullying* com meninos considerados afeminados (BAERE; ZANELLO, 2020). Isso porque, de um lado, tenta-se eleger outro objeto que não ele como receptáculo da violência (objetificadora ou homofóbica); e, de outro, cria laços de pertencimento.

Também faz parte da afirmação da masculinidade e do valor como homem o acesso a mulheres bem localizadas na prateleira do amor: quanto melhor localizada a mulher com a qual o menino/homem se relaciona, maior o *status* como homem, perante o olhar dos outros pares homens. Ou seja, faz diferença, na afirmação da masculinidade, ficar com uma garota "Barbie", loirinha, magra, considerada "gata", ou outra considerada "feia" ou fora dos padrões de beleza. Nesse último caso, além de não se obter os benefícios da chancela de valor da sua própria masculinidade, há boas chances de os pares fazerem piadas, "zoação" e até mesmo *bullying*. As mulheres adquirem, assim, valor como capital de masculinidade para eles, tanto na relação de afirmação consigo mesmos (impacto na autoestima), quanto perante outros homens, na casa dos homens. Esse fenômeno é comum e base em uma cultura de objetificação sexual como a nossa, como veremos adiante. Quanto mais distante do ideal de beleza estiver uma menina/moça, mais provavelmente ela será vista como puro objeto sexual e sob a ótica do preterimento afetivo. A afirmação da masculinidade viria tanto do acesso a mulheres "bem cotadas", quanto pela quantidade de mulheres acessadas.

Aqui, é importante destacar que o apaixonamento é entendido como uma desvirilização dos rapazes, pois um homem apaixonado é aquele que supostamente perdeu o controle (valor importante da masculinidade) sobre si mesmo, seja para um sentimento, seja — pior ainda — para uma mulher. Por isso, é tão comum, entre rapazes e homens, brincadeiras do tipo "lá se foi o homem!", "pau mandado!", "tá apaixonadinho! Uuuuuu". Mostrar domínio de si mesmo e impenetrabilidade emocional é um valor cultuado na masculinidade. No caso da relação com meninas/mulheres, isso muitas vezes aparece por meio da dificuldade de se envolver afetivamente ou no tratamento delas como objetos descartáveis e intercambiáveis.

A masculinidade hegemônica se constrói, assim, num jogo de subjugação das mulheres, mas também de outros homens. No entanto, a dominação de homens mais viris não deve ser analisada como um bloco monolítico, pois as relações não se reproduzem identicamente. Existem importantes interseccionalidades com raça, faixa etária, classe social etc. Há, portanto, hierarquia entre os próprios homens e é no duplo poder (sobre as mulheres e outros homens) que se estruturam as hierarquias masculinas. Temos, assim, a masculinidade hegemônica, aquela que é performada pelos rapazes e homens que mais se aproximam dos ideais de masculinidade em uma dada época, e masculinidades subalternas, performadas por outros homens, tais como, na nossa cultura hoje, gays e homens negros[26]. Ou seja, há maior distância do topo da pirâmide e do exercício de poder. Mas, nem por isso, deixa-se de ter privilégio sobre o grupo de meninas/mulheres, nem de ser mediado pelos valores da masculinidade hegemônica.

Além disso, a casa dos homens é gerida pela cumplicidade da "broderagem". O que se aprende, como lealdade e prova de pertencimento a essa casa, é a manutenção do silêncio cúmplice. Assim, se mulheres aprendem a se calar para promover o bem-estar dos outros e manter as relações, homens se calam por cumplicidade a outros homens. Vamos dar exemplos: quando um homem trai sua namorada/esposa, geralmente conta com o acobertamento de outros homens;

---

[26] Para entender melhor sobre masculinidades hegemônicas e subalternas, consultar: Kimmel (1998) e Connell e Messerschmidt (2013).

ou, não é incomum, que homens mantenham amizade com outros homens que foram violentos com mulheres, ou que presenciem assédios sexuais por parte de amigos sem em nada lhes repreender. Se quem avalia física e moralmente o valor das mulheres, na prateleira do amor, são os homens, quem avalia os homens são os próprios homens, nessa casa simbólica. As masculinidades são, assim, homoafetivas e homossociáveis.

Na imagem a seguir, temos a retratação da cumplicidade na casa dos homens. Na cena, um dos homens (Fernando) usa a desculpa de estar bebendo com o amigo para esconder o tempo que passa com a amante. João, ainda que seja, também, muito íntimo da esposa de Fernando e, independentemente, de achar correto ou não, encobre, na "broderagem", as mentiras e trapaças do parceiro.

IMAGEM 13: Retratação de um exemplo da cumplicidade na casa dos homens
FONTE: própria autora

Mesmo que haja hierarquias entre os próprios homens (masculinidade hegemônica e masculinidades subalternas), é possível e comumente acontecem cumplicidades entre as diferentes masculinidades, sobretudo em torno de algum grupo que ou passa a ser objetificado ou passa a sofrer preconceito/ser diminuído. Podemos dar quatro exemplos diferentes para ilustrar essa ideia, de como as cumplicidades acontecem mesmo entre homens de distintos grupos/ masculinidades e o quanto esses conluios (associações) são fluidos:

1. Um homem branco e outro negro estão conversando na padaria, quando entra uma moça de short para comprar pão. Quando ela está de costas para eles, encostada no balcão, os dois olham para a bunda da moça e se entreolham rindo. Um deles diz "aí tem abundância!", o outro balança a cabeça, e ambos riem. Aqui, independentemente da questão racial, foi criada uma cumplicidade pela objetificação sexual de uma mulher.

2. Em uma festa, um homem branco heterossexual está conversando com um homem gay também branco, quando um outro colega, negro, aproxima-se para dar um alô. Ele está vestido de preto. O homem heterossexual diz: "Pô, bicho, tu tá parecendo um carvão!". E desaba a rir, juntamente com o homem gay que também cai na gargalhada[27]. Temos aqui uma cumplicidade entre dois homens, independentemente de sua orientação sexual, tendo como elemento central o racismo exercido contra um homem negro.

3. Na faculdade, um homem heterossexual e outro gay estão conversando sobre as questões da prova que acabaram de fazer. Uma colega se aproxima para tirar uma dúvida e ver como os dois colegas resolveram a questão que ela não conseguiu responder. Ao perguntar, o homem gay responde: "Afe maria, bicha quando nasce burra, nasce mulher!" e o outro colega, heterossexual, cai na risada. Temos aqui uma cumplicidade entre um homem gay e um homem heterossexual no exercício de expressão da misoginia.

---

[27] Adilson Moreira (2019) trata brilhantemente desse tema, ao apontar a presença do racismo em piadas, "brincadeiras" que tentam encobrir a hostilidade racial em relação a pessoas negras, por meio do humor.

4. Um homem branco e outro negro, ambos heterossexuais, estão tomando cerveja em um bar quando, de repente, passa outro homem, com trejeitos considerados mais "femininos"[28] (ex.: rebolando, desmunhecando etc.). Um deles vira para o outro e diz: "Esse aí é fruta, com certeza!" e ambos começam a gargalhar, numa cumplicidade pautada na homofobia.

É importante ressaltar que a subversão da orientação sexual (por exemplo, na homossexualidade) não necessariamente leva um homem a romper com os ditames e princípios da masculinidade hegemônica (ZANELLO, 2018). Nesse sentido, o mundo gay se apresenta como sendo ainda profundamente marcado pela misoginia, na qual homens gays afeminados são vistos

---

[28] O que é considerado "feminino" são características, *performances*, emoções, qualidades, costumes histórica e culturalmente associados a pessoas do sexo feminino. Essa atribuição se transformou, a depender do momento e da sociedade. Por exemplo, o uso de perucas era altamente valorizado para homens, na corte francesa, no século XVII e XVIII, e apontava para a classe social de origem, a nobreza. Por outro lado, piratas usavam brincos. Os motivos eram diversos, para além de uma simples ornamentação: havia a crença de que o furo na orelha protegia de doenças; era utilizado também como proteção ao barulho de canhões (preenchiam as argolas com cera e as dispunham para tapar as orelhas); e, o mais comum, caso morressem, podia-se contar com o brinco para pagar o transporte do corpo para casa (e não ser simplesmente jogado ao mar). Por essa última razão, era comum gravar nome e localidade de origem na argola.

como inferiores (BAERE; ZANELLO; ROMERO, 2015). Isso demonstra o quanto ainda subsiste o repúdio por qualidades consideradas como femininas.

DISPOSITIVO DA EFICÁCIA

Os valores ideais da masculinidade hegemônica são pautados pelo dispositivo da eficácia. Ele é marcado pela virilidade sexual e laborativa. O que meninos e homens aprendem é que um "verdadeiro homem" deve ser um "comedor" sexual e um trabalhador. Este último aspecto tomou força com a ascensão do capitalismo e com a divisão, já apontada anteriormente, entre os espaços públicos e privados. Coube aos homens o âmbito público e o trabalho aí realizado.

Da mesma maneira que o sentimento de maternidade, em relação às mulheres, transformou-se, o mesmo ocorreu com o lugar ocupado pelo trabalho e seu valor social. Trabalhar passou a ser um valor em si mesmo, uma virtude (WEBER, 2004). A chancela do sucesso nesse quesito, atualmente, seriam a disponibilidade de dinheiro (e, se possível, seu acúmulo) e o *status* social. Nesse sentido, não é à toa ser bastante comum entre meninos o desejo de obter essa ascensão, seja pelo estudo (em algumas classes sociais), seja pelo exercício de profissões que tragam o sonho dessa possibilidade, como ser jogador de futebol (reconhecido e rico). Metáforas presentes no âmbito do trabalho, tais como "boa *performance*", "bom desempenho", foram importadas do âmbito público e passaram a ser utilizadas também para descrever a atividade sexual (AZIZE; ARAÚJO, 2003).

Na imagem a seguir, temos a retratação dos dois pilares do dispositivo da eficácia: a virilidade sexual e a virilidade laborativa. Na primeira situação, vemos o chancelamento da masculinidade de outro homem por ter "pego" uma mulher considerada bonita e gostosa, ou seja, bem localizada na prateleira do amor. Na segunda cena, temos também esse chancelamento, mas advindo da ocupação de um cargo de poder, com *status* e alta remuneração.

IMAGEM 14: Os dois pilares do dispositivo da eficácia: a virilidade sexual e a virilidade laborativa

FONTE: própria autora

O trabalho é um fator identitário para os homens (que os coloca em xeque), diferentemente do que é para as mulheres. Prova disso é que uma mulher que não trabalhe (no âmbito público), mas se dedique à casa e aos filhos ou aos pais, consegue encontrar espaço de reconhecimento social. Dificilmente um homem nessas condições encontraria esse reconhecimento. Sobre a atividade sexual, fazem-se presentes metáforas quantitativas como signo de sucesso nesse quesito, tais como quantas meninas/mulheres ele já "pegou", o que conseguiu fazer com elas (objetificação sexual) etc. No caso de adolescentes, para muitos dos quais o universo do trabalho ainda não é inteiramente acessível e acessado, fica ressaltada a virilidade sexual e são exacerbadas certas características anteriormente apontadas sobre o funcionamento da casa dos homens, tais como a homofobia, a misoginia, a objetificação sexual das meninas, o *bullying* violento frente a meninos mais fracos e/ou afeminados e a cumplicidade/broderagem com os outros rapazes.

RESUMINDO

A masculinidade (hegemônica) se constrói no imperativo e no negativo. Meninos aprendem que ser homem é não ser uma "mulherzinha": não ser frágil, não ser sensível, não chorar... Ou seja, ter que demonstrar repúdio pelas mulheres e por todas as qualidades culturalmente a elas relacionadas. Meninos que apresentem essas características são considerados como "inferiores", "gays". Isto é, na homofobia temos uma misoginia. A misoginia pode se manifestar de diversas maneiras, sendo mais facilmente identificável quando ocorre de forma direta, como é o caso dos discursos de ódio contra as mulheres. Porém, ela também pode se apresentar de forma maquiada, disfarçada. No Brasil, o principal modo de manifestação da misoginia é a objetificação sexual de mulheres. Na objetificação, temos uma transformação do outro (ou das outras, como pessoas) em coisas ou pedaços de coisas, conformando uma relação hierárquica de poder, domínio e subjugação. A capacidade de objetificação sexual em relação (sobretudo) às mulheres é a principal emocionalidade demandada dos meninos, no processo de tornar-se homem. E a capacidade de demonstrá-la perante os pares (outros homens). O processo de socialização masculino ocorre na "casa dos homens": nessa casa simbólica, meninos e homens são constantemente submetidos a provas de masculinidade, seja por homens mais velhos ou por aqueles considerados mais viris. A casa dos homens é marcada pela broderagem e gerida pelo silêncio cúmplice, no qual homens protegem uns aos outros e mantêm entre si lealdade. Os valores ideais da masculinidade hegemônica são a virilidade sexual e a virilidade laborativa (dispositivo da eficácia). É preciso pensar nas masculinidades subalternas, ou seja, aquelas marcadas por interseccionalidades, nas quais homens também são subalternizados por outros homens. Isso implica em dizer que nas masculinidades se opera um jogo de poder em uma dupla subjugação: de mulheres e outros homens. Na adolescência, temos a exacerbação de certos aspectos da masculinidade: a homofobia, a misoginia, a objetificação sexual das meninas, o *bullying* violento frente a meninos mais fracos e/ou afeminados e a cumplicidade/broderagem com os outros rapazes.

Vídeo 7
"Masculinidades e dispositivo da eficácia"

Trataremos agora, na última parte teórica deste livreto, do tema das violências contra as mulheres e como os dispositivos de gênero participam de sua configuração.

Cultura da objetificação (sexual), violências contra as mulheres e dispositivos de gênero

O Brasil é um país profundamente violento, de modo geral, mas especialmente com mulheres e pessoas negras. Estamos entre os 10 países (em muitos casos, entre os primeiros) em vários índices de violência contra mulheres: feminicídio (assassinato da mulher por motivos de gênero), violência doméstica, estupro, assédio sexual em lugares públicos, assédio moral no trabalho etc. (WAISELFISZ, 2015, 2016). Uma em cada 3 mulheres no Brasil já sofreu violência por parte de um homem (DATASENADO, 2021). Esse dado é alarmante e aponta que, com certeza, conhecemos várias mulheres que já passaram por situações de violência de gênero ou você mesma, leitora, pode ter passado por algumas delas.

A violência contra mulheres ocorre tanto no âmbito público, quanto no âmbito privado, porém, é nesta última esfera que ela adquire sua faceta mais cruel. É sobretudo nos lares e na vida privada que as mulheres são violentadas em nosso país (DAY *et al.*, 2003; ENGEL, 2020). No Brasil, estima-se que 5 mulheres são espancadas a cada 2 minutos; o parceiro (marido, namorado ou ex) é o responsável por mais de 80% dos casos (FPA/SESC, 2010). Até recentemente (em termos históricos), esse tipo de violência era naturalizado e muitas vezes desmerecido e compreendido como um "arroubo" de ódio masculino, justificável por alguma conduta por parte da mulher. Ou seja, era naturalizado. "Ele lavou a honra dele!", "Mas quem mandou ela ficar de papinho com outro homem?", "Foi por ciúmes e paixão!" eram frases comumente ouvidas e que buscavam justificar os atos violentos. Em geral, naturalizava-se também uma suposta índole violenta nos homens, como se esses agissem somente em função do seu "instinto".

Muitos crimes de homicídio de mulheres se tornaram famosos no país em função da impunidade. Temos como exemplo o caso de Ângela Diniz, morta por Raul Fernando do Amaral Street, mais conhecido como Doca Street, na década de 80. O autor do crime matou a companheira com 4 tiros no rosto, depois que ela terminou a relação. Os advogados defenderam a tese, comumente utilizada em casos dessa espécie, de "legítima defesa da honra" e ele foi condenado, inicialmente, a apenas 2 anos de prisão. Além disso, conseguiu a suspensão da pena, o que provocou uma reação de indignação da população, a qual cobrou penas mais efetivas e a desnaturalização desse tipo de crime contra as mulheres. Somente em 1981, o Ministério Público recorreu, conseguindo que ele fosse condenado por homicídio a 15 anos de prisão.

Porém o caso brasileiro mais famoso é de Maria da Penha, mulher quase assassinada pelo marido e que lutou pela criação de políticas de proteção às mulheres no que tange à violência doméstica, e cujo nome deu origem à criação da Lei Maria da Penha, em 2006.

HISTÓRIA DE VIDA DE MARIA DA PENHA[29]

Maria da Penha nasceu em Fortaleza, em 1945. Formou-se em Farmácia e Bioquímica, pela Universidade Federal do Ceará, em 1966. Concluiu seu mestrado em 1977, na USP. Conheceu Marco Antonio Heredia Viveros, colombiano, que viria a ser seu marido, quando estava cursando o mestrado. Ele demonstrava ser muito amável e educado e eles começaram a namorar. O casamento aconteceu em 1976. Tiveram sua primeira filha em SP e logo depois se mudaram para Fortaleza, onde tiveram mais duas filhas. As agressões começaram quando Marco conseguiu a cidadania brasileira e se estabilizou profissional e economicamente. Essas agressões ocorriam contra Maria da Penha, mas também contra as filhas. O medo e a tensão passaram a ser constantes na vida delas. Em 1983, Maria da Penha sofreu uma dupla tentativa de feminicídio. Primeiro, ele deu um tiro nela pelas costas, o que a deixou paraplégica; Marco inventou para a polícia que haviam sido vítimas de tentativa de um assalto. Maria da Penha precisou fazer duas cirurgias sérias, passou por várias internações e tratamentos. Posteriormente, ele tentou matá-la

---

[29] Vale a pena ler a biografia escrita pela própria Maria da Penha: *Sobrevivi... posso contar* (PENHA, 2014).

novamente, dessa vez, por meio de uma eletrocussão durante o banho. Foi nesse momento que Maria da Penha juntou as peças e entendeu vários comportamentos do marido e suas intenções. Amigos e familiares ajudaram que ela saísse de casa, tentando não configurar abandono de lar, para não perder a guarda das filhas. O julgamento de Marco ocorreu apenas em 1991 e, apesar de sentenciado a 15 anos de prisão, com os recursos utilizados por seus advogados, saiu em liberdade. Maria da Penha não desistiu e continuou a lutar por justiça. Escreveu sua biografia, *Sobrevivi... posso contar*, em 1994. Somente em 1996 houve novo julgamento de Marco e, apesar de condenado novamente, a sentença não foi cumprida. Em 1998, o caso tomou dimensão internacional, pois foi denunciado para a Comissão Interamericana de Direitos Humanos da Organização dos Estados Americanos (CIDH/OEA). Mesmo assim, o Estado brasileiro não se pronunciou. Em 2001, o Brasil recebeu 4 ofícios do CIDH/OEA, sendo responsabilizado por negligência e omissão frente à violência doméstica contra as mulheres brasileiras. Também foram apontadas recomendações que deveriam ser adotadas para proteger as mulheres e garantir o cumprimento da justiça. Em 2002, foi feito um consórcio de ONGs feministas para elaborar uma lei de combate à violência doméstica e familiar contra a mulher. Essa lei foi batizada com o nome "Maria da Penha" e aprovada em 2006.

Infelizmente Maria da Penha não foi, nem é, uma exceção em nosso país. A criação e a aprovação da lei foram um importante marco e avanço para o direito das mulheres. Essa lei visa coibir e combater a violência doméstica e familiar contra as mulheres, bem como criar mecanismos de proteção para elas. A Lei Maria da Penha contempla cinco tipos de violências, a saber: física, psicológica, moral, sexual e patrimonial. Tratemos resumidamente de cada uma delas.

TIPOS DE VIOLÊNCIAS CONTRA AS MULHERES

Violência física: qualquer conduta que ofenda a integridade ou saúde corporal da mulher. Exemplos: espancamento, estrangulamento, lesões com ou sem objetos (cortantes ou perfurantes), provocar queimaduras etc.

Violência psicológica: qualquer conduta que cause dano emocional e diminuição da autoestima; prejudique e perturbe o pleno desenvolvimento da mulher; ou vise degradar ou controlar suas ações, comportamentos, crenças ou decisões. Ex.: manipulação, *gaslighting*[30], vigilância constante, insulto, chantagem, exploração, ridicularização etc.

---

[30] *Gaslighting*: Tipo de violência psicológica, na qual o agressor faz com que a vítima passe a duvidar de sua própria percepção, memória e sanidade mental. Exemplo clássico é quando um homem assedia outras mulheres (mesmo com o olhar) na frente da parceira e, quando questionado, diz que ela é louca, paranoica e nega qualquer percepção que ela possa ter tido do ocorrido. Ou quando diz algo que a magoa e quando ela se refere a sua fala, nega categoricamente que tenha falado aquilo, afirmando que ela está inventando coisas, que é "coisa da cabeça" dela.

Violência sexual: conduta que constranja a presenciar, a manter ou a participar de relação sexual não desejada, mediante intimidação, ameaça, coação ou uso da força. Ex.: estupro, obrigar a mulher a fazer atos sexuais que causam desconforto ou repulsa, impedir o uso de métodos contraceptivos; forçar matrimônio, gravidez ou prostituição etc.

Violência patrimonial: conduta que configure retenção, subtração, destruição parcial ou total de seus objetos, instrumentos de trabalho, documentos pessoais, bens, valores e direitos ou recursos econômicos, incluindo os destinados a satisfazer suas necessidades. Exemplos: controlar dinheiro, deixar de pagar pensão alimentícia, destruição de documentos pessoais; furto, extorsão ou dano; estelionato, privar de bens; causar danos propositais a objetos da mulher ou dos quais ela goste.

Violência moral: conduta que configure calúnia, difamação ou injúria. Exemplos: acusar a mulher de traição; emitir juízos morais sobre sua conduta; fazer críticas mentirosas; expor a vida íntima; rebaixar a mulher por meio de xingamentos que incidem sobre sua índole; desvalorizar a vítima por seu modo de se vestir.

QUADRO 1: Tipos de violências contra as mulheres
FONTE: Instituto Maria da Penha, site

É importante salientar que por "familiar" (presente na expressão "violência doméstica e familiar") se subentende pessoas que moram sob o mesmo teto. Assim, trabalhadoras domésticas que residam na casa onde trabalham e que sofram assédio sexual, violência física, estupro, por exemplo, por um patrão, também estão contempladas por essa lei. Outro exemplo seria o tio, irmão de um dos pais, que morasse na mesma casa e abusasse sexualmente da sobrinha.

A violência contra as mulheres cometida por parceiro íntimo começa de forma insidiosa, raramente como uma violência direta. Ela surge de forma sorrateira, mas nem por isso menos brutal: uma piada machista de mau gosto, um olhar duro de ciúmes, uma palavra de desqualificação, um xingamento... A tendência, em geral, é que ela cresça. Aqui, temos dois fenômenos importantes, que o(a) leitor(a) precisa conhecer: de um lado, o ciclo da violência e, de outro, a insensibilização ou o aumento do nível de tolerância à violência, que ocorre na mulher que a sofre.

O "ciclo de violência" é um fenômeno que foi descrito em 1979, por Lenore Walker. A autora percebeu que as agressões, dentro de um contexto conjugal violento, ocorrem de forma repetida, dentro de um ciclo, composto por três fases. Na fase 1, há um aumento na tensão, o agressor fica irritado por pequenas coisas, tem acessos de raiva, e a mulher tenta contornar a situação, evitando comportamentos que pense poder irritá-lo. Ela sente medo, angústia, tristeza, ansiedade e, muitas vezes, culpa, porque se responsabiliza pelo comportamento do agressor. Essa fase pode demorar pouco ou muito tempo e geralmente leva à fase 2. Na fase 2, o agressor perde o controle e explode, passando ao ato violento. Geralmente a mulher se sente impotente e paralisada, sente ansiedade, medo, insônia, fadiga, vergonha, dor e solidão. Pode buscar ajuda ou tentar resolver tudo sozinha por conta da vergonha. Na fase 3, o agressor se mostra arrependido e demonstra um comportamento carinhoso, como se buscasse reparar a violência cometida. É conhecida com a fase da "lua de mel". A mulher muitas vezes perdoa e se sente feliz, mesmo que por curto período de tempo, por ver uma tentativa de mudança por parte do companheiro, até que, por qualquer motivo, há um aumento de tensão e recomeça a fase 1.

IMAGEM 15: O ciclo da violência.
FONTE: própria autora

A imagem anterior retrata o ciclo da violência. É, sobretudo, na fase da "lua de mel" que mulheres têm suas expectativas e esperanças de que o parceiro mude alimentadas. Ou seja, a sensação de que foi muito ruim, mas agora vai melhorar... O que os estudos demonstram é que a próxima explosão de raiva só vai piorando. Mulheres ficam capturadas nessa dinâmica pelo dispositivo amoroso e muitas ainda acreditam que depende do esforço delas essa mudança.

A tendência é que a violência cresça em um espiral e que o ciclo se repita muitas vezes. É importante destacar que, pelo dispositivo amoroso, muitas mulheres acreditam que também depende delas a mudança do parceiro e tentam se esforçar para evitar o aumento de tensão. Exemplo desses comportamentos seriam: deixar de falar com pessoas, inclusive da família, de quem o parceiro não goste ou sinta ciúmes; deixar de usar roupas decotadas ou curtas, ou maquiagem, ou qualquer coisa que possa despertar, pelo menos na cabeça do parceiro, a ideia de que outros homens venham a se interessar por ela; deixar de fazer o que gosta etc. A ideia aqui é que a mulher acaba por se responsabilizar pelas emoções e comportamentos do parceiro e desresponsabilizá-lo pelos seus atos (GUIMARÃES; ZANELLO, 2022; MAIA; ZANELLO; FLOR, inédito).

Já a insensibilização aponta para um fenômeno comum entre mulheres que repetidamente sofreram violência numa relação. Podemos traçar uma analogia com o uso de álcool: uma pessoa que não bebe, ao tomar um copo de cerveja, de estômago vazio, provavelmente ficará bêbada. Porém, se ela começar a beber todos os dias um copo de cerveja, não haverá mais, dentro de algum tempo, efeito algum. Isso ocorre porque o organismo aumentou o limite de tolerância para produzir certos efeitos. O mesmo se dá com a violência. Há um processo de naturalização para quem a sofre, por conta da repetição. Nesse sentido, é muito comum ouvirmos de mulheres que sofreram violência doméstica e/ou por parceiro íntimo frases do tipo: "Ele nunca me bateu, doutora, só me xingou!", "ele nunca foi violento, ele só gritava e falava alto" ou "pegava com força no meu braço, mas bater, nunca bateu".

Na imagem a seguir, temos a retratação da analogia do nível de tolerância à violência com a tolerância ao álcool. Se você não bebe nunca, um copo de cerveja poderá ser capaz de deixá-la altinha. Se você está bem e está iniciando uma relação, será capaz de perceber os primeiros abusos e sair da relação. Quando permanece na relação, cada vez mais precisará de abusos maiores para perceber a violência, até chegar ao ponto de não perceber gritos, xingamentos, empurrões, tratamento do silêncio[31] etc. como violências. Isso porque elas passaram a ser naturalizadas. Em outras palavras, seu nível de tolerância à violência aumentou.

---

[31] Trata-se de um tipo de punição comumente utilizada por homens em relações heterossexuais: nela, ao invés de *agir* com violência, o homem impõe um regime de silêncio, gerando um enorme mal-estar e a sensação de inadequação e culpabilização da mulher. De forma geral, a mulher fica capturada pelo dispositivo amoroso, tentando "resgatar" o estabelecimento do vínculo, perguntando se há ou se fez algo errado, insistindo em conversar para ajustar as coisas... A manutenção do silêncio e da indiferença só aumenta, ainda mais, sua aflição e a sensação de que fez algo errado, levando muitas mulheres a viverem em ansiedade e autoculpabilização permanentes.

IMAGEM 16 – Retratação da analogia entre o nível de tolerância à violência e a tolerância ao álcool

FONTE: própria autora

O processo de desnaturalização da violência, no sentido de visibilizá-la e de diminuir novamente seu limite de tolerância, é fundamental e deve fazer parte de uma política de combate à violência contra as mulheres; propósito esse do qual esse pequeno livro compartilha. O letramento de gênero é parte fundamental desse projeto.

Em 2016, houve outro avanço jurídico em nosso país: o feminicídio foi qualificado como crime hediondo de ódio contra as mulheres, tornando mais duras as penas aos homens que o cometerem. Apesar de a Justiça ser um dos fatores de combate à violência contra as mulheres, não deve ser o único e nem é o mais eficaz. A violência contra as mulheres é um fenômeno historica e socialmente construído e que se encontra profundamente arraigado em nossa cultura. Crimes como feminicídio, violência doméstica e estupro são apenas a ponta de um *iceberg* cultural muito maior, que naturaliza e banaliza as violências contra as mulheres. Exatamente por ser um fenômeno cultural é que a educação e a escola adquirem papel tão importante em sua problematização e desnaturalização e podem contribuir para a abertura e construção de outras possibilidades comportamentais e emocionais para meninos e meninas.

A seguir, temos a figura do *iceberg*, que é comumente utilizada para retratar o *continuum* das violências sexistas. Ela deixa em evidência que as violências contabilizadas em censos, e geralmente entendidas como tal, são apenas a ponta do *iceberg*, obscurecendo suas profundas raízes em outros tipos de violências tomadas como práticas cotidianas e completamente naturalizadas na cultura.

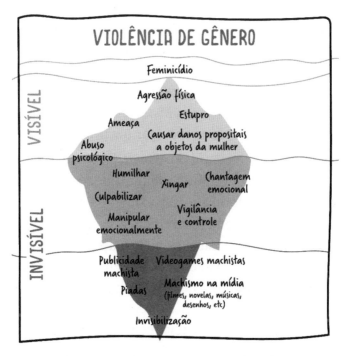

IMAGEM 17: A figura do *iceberg* retrata o *continuum* das violências sexistas

FONTE: desenho baseado em imagem retirada do *site* Fundo Avon/Fale Sem Medo

Muito se fala que no Brasil temos uma "cultura do estupro". Esse termo tem sido utilizado desde 1970 para fazer referência a comportamentos que naturalizam a violência sexual e agressões contra as mulheres, tais como: a) um homem assedia uma mulher na rua e isso é entendido como elogio; b) em uma festa, uma mulher é puxada à força por um homem que quer beijá-la e isso é tomado como um flerte; c) na publicidade, coloca-se a mulher como um objeto de desejo, passivo, que está lá para satisfazer o homem e isso é tomado como forma de divulgar um produto.

O termo "cultura do estupro" pode não ser o mais adequado, porque geralmente homens alegam que nunca estupraram efetivamente uma mulher. Geralmente, subentende-se, com isso, uma situação de violação de uma estranha, com uma submissão dela de forma (reconhecidamente) violenta. No entanto, há muitos casos que são invisibilizados e bem mais comuns, por exemplo, o sexo praticado com uma mulher bêbada (que não teria condições de consentir efetivamente) ou, mesmo, o sexo praticado com uma parceira (no casamento ou em uma relação estável) sem que ela efetivamente esteja a fim (ZANELLO, 2014).

Além disso, várias ações e costumes se relacionam ou promovem a naturalização desse tipo de violência contra as mulheres, tais como piadas sexistas, assédios sexuais em lugares públicos, partilhamento de nudes de ex em grupos masculinos de WhatsApp etc.

Há uma ligação, portanto, entre essas violências, que pressupõem, espelham e reafirmam a objetificação das mulheres. Há um *continuum* entre elas. Elas formam o caldo cultural, no qual as ações mais radicais são apenas sintomas justamente desse caldo. Nesse sentido, o termo que propomos é "cultura da objetificação sexual", pois o estupro, como podemos ver na imagem, é apenas uma das formas de realização concreta dessa cultura.

Os dispositivos de gênero que apresentamos inscrevem-se nessa cultura da objetificação sexual e desempenham nela também significativo papel. Por isso, é tão importante se perguntar sobre os modos como o gênero participa dos casos de violência doméstica contra as mulheres. Aqui, não pretendemos esgotar o assunto, mas levar você, leitor(a), a alguns questionamentos.

O primeiro deles diz acerca do valor de uma relação amorosa para as mulheres em geral. Como sublinhamos, trata-se de uma questão identitária. Terminar uma relação, para as mulheres, é ser colocada em xeque em seu valor como mulher. Como visto, as tecnologias de gênero são responsáveis pela interpelação de certa forma de amar por parte delas. As histórias infantis, os desenhos animados, os livros didáticos, mais do que dizer, *mostram* para as meninas o que se espera de uma mulher. É importante que esse padrão seja questionado, problematizado e que sejam apresentadas outras possibilidades identitárias e existenciais para as meninas/mulheres ou seja, outras formas de realização. Isso não significa que a relação amorosa, seja qual for, não possa ser valiosa, mas é importante construir a ideia de que ela não é pré-requisito essencial para meninas e mulheres poderem se realizar e fruir de suas vidas[32]. E, sobretudo, que uma relação amorosa é uma opção que vale a pena se ela for boa e fizer bem. Ou seja, ficar bem sozinha (sem uma relação romântica) também existe como opção.

---

[32] Vale a pena assistir o TEDx da Professora Gina Vieira, "Transformação social e igualdade de gênero: o poder da educação". Disponível em: https://www.youtube.com/watch?v=TsJKYbpSiCY. Acesso em: 20/01/2022.

O segundo ponto a ser enfatizado diz respeito à construção da masculinidade nos meninos. Como afirmamos, em nossa cultura, ela se dá por meio da violência contra si mesmo (embrutecimento emocional e físico) e contra seus pares (outros meninos). Muitas vezes a violência é uma tentativa de assegurar uma supremacia, na manutenção de certa hierarquia, sobretudo, quando a prova da masculinidade é colocada em xeque. Destacamos que quem mais morre no Brasil por homicídio são os homens. Porém, são os próprios homens que mais matam os homens, assim como são eles que mais matam as mulheres (WAISELFISZ, 2015, 2016). Trata-se, portanto, de um modo de funcionamento da masculinidade bastante adoecido, tanto na relação com os pares, como na relação com as mulheres.

Além disso, meninos e homens são demandados constantemente a performar e provar sua "masculinidade". O modo como se interpela e se demonstra ocorre, sobretudo, por meio da exibição da capacidade de objetificação das mulheres e da força física, que se manifesta na violência virilista. Essa violência pode ocorrer tanto na relação com as meninas/

mulheres, quanto em briga entre pares, numa luta pela hierarquia das masculinidades na casa dos homens. Na violência virilista contra as mulheres, o menino/homem busca reafirmar sua posição de superioridade, enquanto membro do grupo de homens, frente às mulheres.

Outro ponto importante que exerce papel fundamental na cultura da objetificação sexual das mulheres diz respeito à manutenção da cumplicidade e da broderagem na casa dos homens. Isto é, mesmo quando um menino/homem discorda de violências perpetradas por amigos e colegas, raramente se manifesta e se opõe a esses atos. Esse silêncio, ainda que não de forma intencional, mantém a cultura da violência contra as mulheres (torna-o cúmplice) e tem como objetivo preservar o homem que se cala na avaliação que seus pares fazem e farão dele. Desconstruir e subverter esse lugar pode custar caro aos meninos e homens. Em casos nos quais ele reage, geralmente assiste voltar contra si a violência que gere a masculinidade e o funcionamento da casa dos homens. Ocorrem então, comumente, situações de *bullying* e exclusão simbólica e social. Essa violência aparece em piadas sarcásticas, xingamentos e pode chegar até a situações de violência física de outros meninos/homens em relação a ele. Nesses casos, meninos e homens recebem parte da violência que é comumente destinada às mulheres, na misoginia.

Um dos passos importantes no combate à violência contra as mulheres é a denúncia. No Brasil, isso pode ser feito por telefone, por meio do número 180. Além disso, a queixa também pode ser formalizada nas delegacias da mulher, presentes em várias cidades brasileiras. No caso de serem meninas menores de idade, isso pode se dar no Conselho Tutelar, na Delegacia da Infância e Juventude ou, também, por meio do Ministério Público. A denúncia ajuda a cortar o ciclo da violência e é um importante passo no resgate da menina/mulher que se encontra nessa situação; auxilia também a visibilizar a violência, visto que é comum que se desenvolva, tal como apontamos, um processo de insensibilização, inclusive como estratégia de sobrevivência.

Além da denúncia, um dos principais meios de combate à violência é o processo de educação, mas uma educação que promova letramento de gênero.

Isto é, que forneça palavras que visibilizem vivências amplamente naturalizadas e, por isso mesmo, não identificadas, seja pelas meninas/mulheres que as sofrem, seja pelos próprios meninos/homens. O objetivo deste pequeno livro foi justamente auxiliar e promover esse letramento.

REFERÊNCIAS

A BELA E A FERA. Produção de Gary Trousdale & Kirk Wise. Estados Unidos, Disney, 1991, DVD (1h 24 min), colorido.

A PEQUENA SEREIA. Produção de John Musker & Ron Clements. Estados Unidos, Disney, 1989, DVD (43 min), colorido.

ARISTÓTELES. *Política*. São Paulo: Martin Claret, 2007.

AS SUFRAGISTAS. Produção de Sarah Gavron. França/Inglaterra, Pathé/ Film 4/ BFI/ Ingenious Media/ Canal +, Ciné +, Ruby Films, 2015, DVD (1h 46 min), colorido.

AVON (FUNDO FALE SEM MEDO), site http://www.fundosocialelas.org/falesemmedo/noticia/a-violencia-domestica-e-suas-varias-formas/15916/. Acesso em 02/04/2022.

AZIZE, R.; ARAÚJO, E. S. A pílula azul: uma análise de representações sobre masculinidade em face do Viagra. *Antropolítica*, Niterói, v. 14, p. 133-151, 2003.

BADINTER, E. *Um amor conquistado* – O amor materno. Rio de Janeiro: Nova Fronteira, 1985.

BADINTER, E. *XY De l´identité masculine*. Paris: Odile Jacob, 1992.

BAÉRE, F.; ZANELLO, V. Suicídio e Masculinidades: uma análise por meio do gênero e das sexualidades. *Psicologia em Estudo*, Maringá, v. 25, e44147, p. 1-15, 2020. Disponível em: https://www.scielo.br/j/pe/a/LzMM7YDThptPXCkJkpKnWkn/?format=pdf&lang=pt. Acesso em: 15 jun. 2022.

BAÉRE, F.; ZANELLO, V.; ROMERO, A. C. Xingamentos entre homossexuais: heteronormatividade ou replicação dos valores de gênero? *Revista Bioética*, Brasília, v. 23, n. 3, p. 623-634, 2015. Disponível em: https://www.scielo.br/j/bioet/a/bjs8L7HcF5d7RwTbt9ft6bD/?lang=pt. Acesso em: 16 jun. 2022.

BALDIN, R. A. C. O surgimento dos sobrenomes. *Instituto Histórico, Geográfico e Genealógico de Campinas* (IHGG-Campinas), Campinas, 2020. Disponível em: https://ihggcampinas.org/2020/10/25/o-surgimento-dos-sobrenomes/. Acesso em: 15 jun. 2020.

BUTLER, J. Actos performativos y constitución del género: um ensayo sobre fenomenología y teoría feminista. *In*: CASE, S.-H. (org.). *Performing Feminisms*: Feminist Critical Theory and Theatre. Baltimore: Johns Hopkins Press, 1990. p. 296-314.

BUTLER, J. *Problemas de gênero*. Feminismo e subversão da identidade. 4. ed. Rio de Janeiro: Civilização Brasileira, 2012.

CAPLAN, P. J. Who decides if mothers are crazy? From Freud´s Mother to Today´s. *In*: WONG, G. (org). *Moms gone mad*: Motherhood and madness, oppression and resistance. Bradford: Demeter Press, 2012. p. 79-92.

CONNELL, R. W.; MESSERCCHMIDT, J.W. Masculinidade hegemônica: repensando o conceito. *Revista Estudos Feministas*, Florianópolis, v. 21, n. 1, p. 241-182, 2013. Disponível em: https://www.scielo.br/j/ref/a/cPBKdXV63LVw75GrVvH39NC/?format=pdf&lang=pt. Acesso em: 15 jun. 2022.

CRENSHAW, K. Documento para o encontro de especialistas em aspectos da discriminação racial relativos ao gênero. *Revista Estudos Feministas*, Florianópolis, n. 1, p. 171-188, 2002.

DATASENADO. *Violência doméstica e familiar contra a mulher*. 9. ed. [*S. l.*]: Data Senado, 2021. Disponível em https://www12.senado.leg.br/institucional/datasenado/arquivos/violencia-domestica-e-familiar-contra-a-mulher-2021. Acesso em: 13 mar. 2022.

DAVIS, A. *Mulheres, raça e classe*. São Paulo: Boitempo, 2016.

DAY, V. P *et al*. Violência doméstica e suas diferentes manifestações. *Revista de Psiquiatria*, Rio Grande do Sul, v. 25, n. 1, p. 9-21, 2003. Disponível em:

https://www.scielo.br/j/rprs/a/5SdJkYSszKYNdzcftfbbRTL/?lang=pt#. Acesso em: 16 jun. 2022.

ENGEL, C.L. A violência contra a mulher. *In*: FONTOURA, N; REZENDE, M.; QUERINO, A. C. (org.). *Beijing +20: Avanços e desafios no Brasil Contemporâneo*. Brasília: Ipea, 2020, p. 159-216.

FEDERICI, S. *Calibã e a bruxa- Mulheres, corpos e acumulação primitiva*. São Paulo: Editora Elefante, 2019a.

FEDERICI, S. *O ponto zero da revolução*. São Paulo: Editora Elefante, 2019b.

FOUCAULT, M. *Microfísica do poder*. Rio de Janeiro: Graal, 1996.

FPA/SESC. *Mulheres brasileiras e gênero nos espaços público e privado*. [S. l.: s. n.], 2010. Disponível em: https://fpabramo.org.br/publicacoes/wp-content/uploads/sites/5/2017/05/pesquisaintegra_0.pdf. Acesso em: 13 mar. 2011,

FREUD, S. *Três ensaios sobre a teoria da sexualidade [1905]*. Edição Standard Brasileira das Obras Psicológicas Completas de Sigmund Freud. Rio de Janeiro: Imago, 1996.

FREUD, S. *As pulsões e suas vicissitudes [1915]*. Edição Standard Brasileira das Obras Psicológicas Completas de Sigmund Freud. Rio de Janeiro: Imago, 1996.

GAMA, M. S. B.; ZANELLO, V. Dispositivo amoroso e tecnologias de gênero: uma investigação sobre a música sertaneja brasileira e seus possíveis impactos na pedagogia afetiva do amar em mulheres. *In*: SILVA, E.; OLIVEIRA, S.; ZANELLO, V. (org.). *Gênero, subjetivação e perspectivas feministas*. Brasília: Technopolitik, 2019. p. 161-182. Disponível em https://drive.google.com/file/d/17ro4dc2Oz3uCgQRPskFzEnjBTs7eBKEZ/view. Acesso em: 30 mar. 2022.

GEERTZ, C. *A interpretação das culturas*. Rio de Janeiro: LTC, 2008.

GONZALEZ, L. Sexismo e racismo na cultura brasileira. *Revista Ciências Sociais Hoje*, São Paulo, Anpocs, p.223-244, 1984.

GUIMARÃES, M.; ZANELLO, V. Enciumar(-se), experiência feminina? Dilemas narcísicos sob a ótica interseccional de gênero. *Revista de Psicología*, Peru, v. 40, n. 2, p. 1133-1174, 2022.

IBGE. *Estatísticas de Gênero* – Indicadores sociais das mulheres. IBGE, Brasília, 2020. em https://www.ibge.gov.br/estatisticas/multidominio/genero/20163-estatisticas-de-genero-indicadores-sociais-das-mulheres-no-brasil.html. Acesso em: 02/04/2022.

INSTITUTO MARIA DA PENHA (Site), https://www.institutomariadapenha.org.br/violencia-domestica/ciclo-da-violencia.html. Acesso em: 02/04/2022.

IPEA. *Tolerância social à violência contra as mulheres*. SIPS- Sistema de Indicadores de Percepção Social, Brasília, 2014.

KIMMEL, M. S. A produção simultânea de masculinidades hegemônicas e subalternas. *Horizontes Antropológicos*, Porto Alegre, ano 4, n. 9, p. 103-117, 1998.

KIMMEL, M. Masculinidade como homofobia: medo, vergonha e silêncio na construção da identidade de gênero. *Equatorial*, Natal, v. 3, n. 4, p. 97-124, 2016.

KOERNER, E.F.K. The Sapir-Whorf Hypothesis: A Preliminary History and a Bibliographical Essay. *Journal of Linguistic Anthropology*, American Anthropological Association, v. 2, n. 2, p. 173-198, 1992.

LAPLANCHE, J.; PONTALIS, J. B. *Vocabulário da Psicanálise*. São Paulo: Martins Fontes, 1992.

LAQUEUR, T. *Inventando o sexo* – Corpo e gênero dos gregos a Freud. Rio de Janeiro: Relume-Dumará, 2001.

LAURETIS, T. A tecnologia do gênero. *In*: HOLLANDA, H. B. *Tendências e Impasses* – O feminismo como crítica da cultura. Rio de Janeiro: Rocco, 1994. p. 206-242.

LE BRETON, D. *As paixões ordinárias*: Antropologia das emoções. Petrópolis: Vozes, 2009.

LUTZ, C. Thought, and Estrangement: Emotion as a Cultural Category. *Cultural Anthropology*, American Anthropological Association, v. 1, n. 3, p. 287-309, 1986.

LUTZ, C.; ABU-LUGHOD (org.). *Language and the politics of emotion*. Cambridge: Cambrige University Press, 1977.

MAIA, B.; ZANELLO, V.; FLOR, I. "De amar muito mesmo, eu tava sem lugar pra mim": Afetos, subjetividade e dispositivos de gênero em mulheres que sofreram violência por parceiro íntimo. Artigo inédito.

MATOS, M. I.S. Delineando corpos. As representações do feminino e do masculino no discurso médico (São Paulo 1890-1930). *In*: MATOS, M. I. S.; SOIHET, R. (org.). *O corpo feminino em debate*. São Paulo: Unesp, 2003. p. 107-127.

MOREIRA, A. *Racismo recreativo*. Coleção Feminismos Plurais. São Paulo: Sueli Carneiro/Pólen, 2019.

O GAROTO SELVAGEM. Produção de François Truffaut. França, Les Productions Artistes Associés, 1970, DVD (1h 25min), preto e branco.

PENHA, M. *Sobrevivi... posso contar*. Fortaleza: Armazém da Cultura, 2014.

PISTICELLI, A. Gênero: a história de um conceito. *In*: ALMEIDA, H. B.; SZWAKO, J. E. *Diferenças, igualdade*. São Paulo: Berlendis & Vertecchia, 2009. p. 116-148.

PISCITELLI, A. "Recriando a (categoria) Mulher?". *In*: ALGRANTI, L. (org.). A prática Feminista e o Conceito de Gênero. *Textos Didáticos*, Campinas, IFCH-Unicamp, n. 48, p. 7-42, 2002.

SAPIR, E. *Language:* an introduction to the study of the speech. Flórida: Harcourt Brace & Company, 1949.

SPIVAK, G. Can the subaltern speak? *In*: WILLIAMS, P.; CHRISMAN, L. (org.). *An Introduction to colonial discourse and post-colonial theory*. NY and London: Harvester-Wheatsheat, 1998. p. 175-235.

SPIVAK, G. Interview with Angela McRobbie. *Block*, n. 10, p. 5-9, 1985.

TRUTH, S. E NÃO SOU uma mulher?. Tradução de Osmundo Pinho. *Portal Geledes*, [s. l.], 2014. Disponível em: https://www.geledes.org.br/e-nao-sou-uma-mulher-sojourner-truth/#gs.h8jBXJA. Acesso: 10 jun. 2022.

VISA, B. H.; SARTORI, M.; ZANELLO, V. (org.). *Maria da penha vai à Escola*: Educar para prevenir e coibir a violência doméstica e familiar contra a mulher. 1. ed. Brasília: TJDFT, 2017.

VYGOTSKY, L. S. *Fundamentos de defectologia*. Havana: Editorial Pueblo y Educación, 1997.

WAILSELFISZ, J. J. Homicídio de mulheres no Brasil. *Mapa da Violência*, [s. l.], 2015. Disponível em: http://www.mapadaviolencia.org.br/pdf2015/MapaViolencia_2015_mulheres.pdf. Acesso em: 29 out. 2022.

WAILSELFISZ, J. J. Mapa da violência – Homicídio por armas de fogo. *Mapa da Violência*, [s. l.], 2016. Disponível em: http://www.mapadaviolencia.org.br/pdf2016/Mapa2016_armas_web.pdf. Acesso em: 29 out. 2022.

WEBER, M. *A ética protestante e o espírito do capitalismo*. São Paulo: Companhia das Letras, 2004.

WELZER-LANG, D. A construção do masculino: dominação das mulheres e homofobia. *Revista de Estudos Feministas*, Florianópolis, p. 460-482, 2001. Disponível em: http://www.scielo.br/pdf/ref/v9n2/8635.pdf. Acesso em: 3 abr. 2021

WHORF, B. L. *Language, Thought and Reality. Selected Writings of Benjamin Lee Whorf*. Massachusetts: MIT, 1995.

WITTGENSTEIN, L. *Investigações Filosóficas*. Os Pensadores. São Paulo: Nova Cultural, 1991.

ZAMBRANO, M. *Filosofia Y Poesia*. Mexico: Fondo de Cultura Económica, 1996.

ZANELLO, V. A linguagem poética em Heidegger. *Educação e Filosofia*, Uberlândia, UFU, v. 18, p. 279-310, jan./dez. 2004.

ZANELLO, V. Masculinidades, cumplicidade e misoginia na "casa dos homens": um estudo sobre os grupos de whatsapp masculinos no Brasil. *In*: FERREIRA, L. (org.). *Gênero em perspectiva*. 1. ed. Curitiba: CRV, 2020. p. 79-102.

ZANELLO, V. Saúde mental, gênero e conjugalidade. *In*: STEVENS, C.; OLIVEIRA, S. R.; ZANELLO, V. *Estudos feministas e de gênero*: articulações e perspectivas. Florianópolis: Ed. Mulheres, 2014. p. 108-117.

ZANELLO, V. Saúde mental, gênero e dispositivos. *In*: DIMENSTEIN, M.; LEITE, J.; MACEDO, J. P.; DANTAS, C. (org.). *Condições de vida e saúde mental em assentamentos rurais*. 1. ed. São Paulo: Intermeios Cultural, 2016. p. 23-43.

ZANELLO, V. *Saúde mental, gênero e dispositivos:* Cultura e processos de subjetivação. Curitiba: Appris, 2018.

ZANELLO, V. Violência contra a mulher: o papel da cultura na formação de meninos e meninas. *In*: TJDFT. (org.). *Maria da Penha vai à escola*. 1. ed. Brasília: TJDFT, 2017. v. 1, p. 24-38.

ZANELLO, V. *et al*. Maternidade e cuidado na pandemia entre brasileiras de classe média e média alta. *Revista de Estudos Feministas*, Florianópolis, v. 30, n. 2, p. 1-12, 2022.

ZANELLO, V.; BUKOWITZ, B.; COELHO, E. Xingamentos entre adolescentes em Brasília: linguagem gênero e poder. *Interacções*, Lisboa, v. 7, n. 17, p. 151-69, 2011.

ZANELLO, V.; GOMES, T. Xingamentos masculinos: a falência da virilidade e da produtividade. *Caderno Espaço Feminino*, Uberlândia, v. 23, n. 1-2, p. 265-80, 2010.

ZANELLO, V.; ROMERO, A. C. "Vagabundo" ou "vagabunda"? Xingamentos e relações de gênero. *Revista Labrys*. Brasília, 2012. Disponível em: http://www.tanianavarroswain.com.br/labrys/labrys22/libre/valeskapt.htm. Acesso em: 21 set. 2014.